U0004696

超圖解×10倍速影像閱讀法

心智圖天后
胡雅茹——著

晨星出版

目次

第3章

開始啟動10倍速的閱讀

三、影像閱讀……092

第4章 文科書籍的閱讀

第5章 理科書籍的閱讀

第6章 其他形式的閱讀

附錄 小試身手

作者序

一分鐘看 60 頁的超強閱讀力！

有次在朋友薇薇安的辦公室中聊天，下屬拿來一份報表對她說：「這本資料比較急，麻煩你先看一下。」

薇薇安以不到十秒的時間瀏覽過前三頁，目光停留在第三頁的最下方，盯住四秒後直說：「你這個數字有問題，回去再重新算一次。」

下屬點頭並拿走報表後，我好奇地問薇薇安說：「你從哪些地方看出數字有問題啊？」

薇薇安用有點疑惑的表情告訴我：「我也不知道，就是覺得數字怪怪的，不應該是這樣才對。」像薇薇安這樣的能力，只要經過正確的訓練與練習，其實你我都能做到！

佛羅里達州立大學心理學教授安德斯・艾瑞克森（Anders Ericsson），專門研究傑出表現者，在《刻意練習》書中提到所謂的天賦其實是刻意練習來的：「學習技能，不需要有天分」、「天分是基於訓練而來」、「優等、傑出、頂尖之間的差異在於大量練習」、「練習的量加上練習的質，是決定個人成就高低的關鍵所在」。

相信大家的閱讀能力其實沒有你自己想像的那麼糟糕，你只是沒自信，或一時之間腦筋卡住的，或落入思考盲點中，或對閱讀有些偏見而困住自己。

本書寫給喜歡閱讀的人，是為了要深化大家的閱讀力而寫的，從第一頁到最後一頁的終極目標很明確——**提升閱讀理解的深度與廣度×提升閱讀速度！**

影像閱讀不是單純的速讀，不是讀、不是讀、不是讀，是閱、是閱、是閱（因為很重要，所以要講三遍）。**閱是讓眼睛像照相機一樣，對書面文字進行拍照，以一秒鐘一頁的方式，將書中內容輸入大腦中**。現在的你，心中一定是大喊：「這怎麼可能！」

我是閱讀能力非常普通的普通人。學習前一分鐘閱讀550個字，讀一頁雜誌大約要兩分鐘，閱讀理解率50%。這種理解率，就跟沒看書去考試時亂猜答案一樣，猜對的機率是一半。

直到三年前，一早就收到網購書籍，利用午休時間翻閱其中一本約３００頁有關社會心理學的書，不到十五分鐘就看完了三遍。在我還沒做到之前，我也不敢相信自己能看得這麼快。

曾有年約四十歲的上班族提問：「我現在五分鐘都看不完一整頁的書，像我這樣的人，也能學會影像閱讀嗎？」我一貫地老實回答他：「影像閱讀法，是標準的**有練習就有進步**，**沒練習就會退步**的學習方法，只要你比別人更勤勞，一定能做到的。」

第1章

越忙碌的人越會花時間「加強閱讀」

- 新興閱讀工具
- 忙到沒時間閱讀是因為「缺乏閱讀能力」
- 什麼樣的人需要學習影像閱讀法？
- 書買了卻總是沒有時間看？
- 母子一起學，媽媽不一定會輸
- 一次解決累積已久的閱讀問題

Oh Ya! 這次編輯沒有要求我寫出「閱讀的重要性」、「閱讀的好處」、「閱讀帶給我們的改變」等這一類的章節，表示大家都已經認同「閱讀很重要」！

每隔一段時間，社群網站上就會流傳某個世界知名的超有錢老闆，例如：比爾．蓋茲、祖克伯、巴菲特等人有多熱愛閱讀、花多少時間在閱讀上、閱讀帶給他們多大的好處……。但我身邊不愛看書的朋友都說：「動腦比動身體還累人，我寧願花時間去運動，也不想下班後再看書了。」

不愛看書的朋友**想獲得跟這些超有錢老闆一樣的結果，卻不想執行跟超有錢老闆一樣的過程**，為什麼呢？

這些超有錢老闆覺得「每天能花時間看一本書」是很享受的事情，不愛看書的朋友卻覺得很痛苦，為什麼呢？

經過我那不嚴謹的生活觀察，多數人覺得閱讀很重要的背後理由是「每天必須要看的東西太多看不完」，而不是因為閱讀帶給他什麼明顯的好處。他們處於一種「被動接收」的狀態，迫切需要解除龐大閱讀資料所帶來的壓力（避凶），而不是處於「主動接收」的開心狀態（趨吉）。

不管正在閱讀本書的你，是為了避凶還是趨吉，而決定購買這本書回家研究，「影像閱讀法」都可以讓你輕鬆避凶。等你避開所有的凶，接下來自然就能輕鬆地趨吉了。

新興閱讀工具

一開始先來分享，我對這兩種十五年前還沒出現的「新興閱讀工具」，有什麼看法。

1. 電子書

印象中約莫二〇一六年左右，某個美國網路公司老闆提出一個概念，大體意思是在行動上網的時代，網路上餵養我們的資訊管道太多，不管是餵我們的大腦吃垃圾食物等級的資訊，還是餵我們的大腦吃慢條斯理的法國菜，總之網路公司想辦法要掠奪網友的注意力，因此現在是「注意力的競爭時代」。

我一直都不喜歡在行動裝置上閱讀大量文字，這讓我的眼睛很容易又瘦又乾，看不到十分鐘就大量湧現疲勞感，還要承擔藍光直射眼睛的傷害，因此我主觀性地排斥在行動裝置上大量投入時間。但因工作關係不得不開始試著使用電子書，第一次使用我就一口氣看完了一本書，當下的我覺得真過癮。以前我必須讓不打算再閱讀第二次的書暫放在書櫃上，讓它等待被我捐給圖書館或是送人；現在我就讓它靜靜地在行動裝置中沉睡就好，不佔任何實體空間。

接著過年快到了，這段期間除了補身上的肉之外，也得好好地來補補腦內素質。我在一個月內買了十多本的電子書，心裡覺得真是賺到了，畢竟電子書比較便宜啊！又省下了很多家裡的的空間，以及捐書或送人的處理時間。❶

但是看完第三本電子書時，我開始察覺非常不對勁：每看完一本電子書，我不再可以容易地整合整本書的內容，到了隔天對那本電子書的內容已經忘了非常多，記性幾乎不像過去閱讀紙本書籍時那樣的好。我立刻問了自己兩個問題：「這是哪個閱讀環節造成的現象？」「我要怎麼因應這個現象來調整閱讀方式呢？」

如果你正巧就是在電子書上閱讀本書，我要告訴你：閱讀的方式與過程是非常個人化的，盡量多試幾次本書中的各種方法，以找到你個人的解決之道。

2. 網路說書

在親身體驗電子書對閱讀影響的同時，我也試著在幾個當紅的網路說書人頻道上「聽」一本書。

愛閱讀也願意分享自己收穫的說書人，正如雨後春筍般冒出頭了！說書用能夠吸引人的方式來幫我們開啟知識門縫，有助於知識傳遞，是一項很棒的工作。

電子書攜帶方便，但是整合全書內容的速度較緩慢。

節奏太快，一直按暫停，剛剛說過什麼乎幾回想不起來。

網路說書人畢竟得先有高點閱率，才有資格去獲得廣告分潤或是品牌代言機會。自媒體時代，網路說書人必須把自己視為一個電視台來經營，等於是自己聘請自己當藝人，想辦法讓自己在平台上的排行前面一點。影片時間又不能太長，例如超過十五分鐘，大家可能就關掉不看了，不看完就不會分享給朋友，於是網路說書人常擷取書中會讓人眼睛一亮或是吃了一驚的章節來製作影片。哪天說書人為了點閱率，故意找譁眾取寵或是令人大吃一驚的主題，也是不無可能。

若說書人走向付費訂閱方式，就正傳達出一項訊息：「大家不用親自去看一本書，你只要來聽我說書就好。」說書人也要過生活啊，動這種腦筋很正常的，這時說書人就會講完整本書的內容，好讓大家不用自己去看書。

朋友安妮說：「看完幾個網路說書紅人的頻道，發現說書人的節奏都好快，要一直按暫停，否則無法細細深思其說法。」

朋友約翰說：「聽完某個超紅的網路說書後，發現自己對於說書者剛剛講了什麼內容，幾乎回想不起來，沒有什麼記憶深刻的地方。」

以上兩點我也感受到了：**網路說書、有聲書、紙本書、電子書，對人腦的影響效果並不一樣**。我是擅長用聽覺來學習的人，所以常去聽演講，聽完演講後我對演講內容的記憶量是很高的。同樣在事先沒有讀過該本書的情況下，我發覺聽完網路說書後，我對這本書的內容幾乎是零印象，只有片段的關鍵字殘存腦中。有些網路說書者的方式比較類似綜藝節目，或更接近電影的宣傳片，爆點十足但嚴重缺乏整體性；有些網路說書則比較類似新聞節目，該交代的架構都交代了，但像冬天的樹有枝椏卻沒葉子，無法呈現全面性。

依照多年帶領讀書會與說書活動的經驗，我可以直接告訴你：

1. 每個人都是連結自己過去的生活經驗來看一本書，抓取的重點跟別人相比，肯定有大同小異之處。
2. 每個人的解讀角度也跟自己過去的生活經驗有關，沒有好壞對錯，只是個人解讀而已，但同一資料的解讀常會因人而異。聽人說書，得到的是第二手的資料，已被說書人用他個人角度解讀後的資料，千萬別當成是作者的原汁原味。
3. 讀書會是大家的發言平等，說書則是由說書人主導。
4. 讀書會是大家都看過這本書後再來討論，說書可以先不看書，只要來聽說書就好。

我看完幾本書後，再去聽不同說書人的解讀，**發現「光聽說書而不看書」是很危險的，容易落入「以偏概全」的境地**。以前在學校靠老師，出社會後靠說書人，**這種被動式的偽閱讀方式，並無法向自己的理解力進行挑戰，當然也也就無法提升自己的閱讀能力。**

資訊時代當然可以善用網路，但要思考一下如何運用網路資源，讓我們能從中獲取最大益處，同時也能降低網路帶來的副作用。

倘若看完書後，自己又找不到同好一起討論，就可以把說書人當成是自己的讀書會夥伴，聽聽不同的解讀，這一點倒是很不錯。或是把網路說書人的影片，當成是一本書的推薦序，做為自己要不要買來閱讀的參考，這也是一種評價書籍的方式。

但是千萬別把網路說書當成有聲書來看待。別忘了，有聲書是一本書的原汁原味內容，結構嚴謹且完整；網路說書則比較像是書摘、文摘、懶人包或雜誌書❷。書籍或是有聲書是第一手資料，網路說書則是第二手資料，兩者的位階並不相同，資料轉越多手、越可能會失真。

	電子書	網路說書	讀書會	有聲書
✕	整合稍慢	偽閱讀 由說書人主導		
○	攜帶方便		每人發言平等 有自己的解讀	結構完整 和紙本書一樣

一本書的原汁原味內容，結構嚴謹且完整，別把網路說書當成有聲書來看待。

忙到沒時間閱讀是因為「缺乏閱讀能力」

依芳揉著睡眼惺忪的眼睛說：「累死了，超過三十歲，只要過了十二點才睡，就會覺得一整天都很累。」

我說：「年紀大了就要服老啊！」

依芳說：

「我也想睡美容覺啊，只是一想到今天早上要開會的事情，覺得還是把東西全部整理一遍比較好，免得被經理問到剛好沒整理的部分，又要被他嫌棄一頓。

你不知道，這次的資料很多，而且很多資料內容又很複雜，一份資料要看很多遍才能弄清楚，還要跟很多其他資料一起比較，才能清楚整個內容。我覺得我看東西真的是太慢了，如果看書的速度能變快的話就好了。以前念書的時候，覺得看書慢不是什麼大問題，現在工作後覺得看書速度慢，可真的是個大問題。」

看著眼前哈欠連連的依芳，我不禁回想起還沒有學習影像閱讀之前的我，其實跟依芳是一模一樣的痛苦上班族。

百分之九十九點九九九的人，都是認為：**因為「書讀不完」所以要「加強閱讀速度」**。

表面上看起來是這樣沒錯，但仔細探究「書讀不完」這個詞語，就會發現以上的句子是錯誤的。

「書讀不完」的人，可能是看完書後：

1. **無法回想**起整本書的內容是在講什麼。
2. 看到後面的章節，已經**忘了前面章節的內容**。
3. 只能片段地**回想起少量內容**，無法說出更多的內容。

閱讀能力分成理解力與記憶力兩部分，以上的問題，都不是閱讀速度太慢造成的，而是因為記憶力不好，無法獨力回想書中內容。所以前面的句子應該改成：**因為「書讀不完」所以要「加強記憶能力」**才對。

如果你看到這裡就急著把此書闔上，改去找有關於提升記憶力的書，那麼，我保證你一定永遠學不好閱讀這件

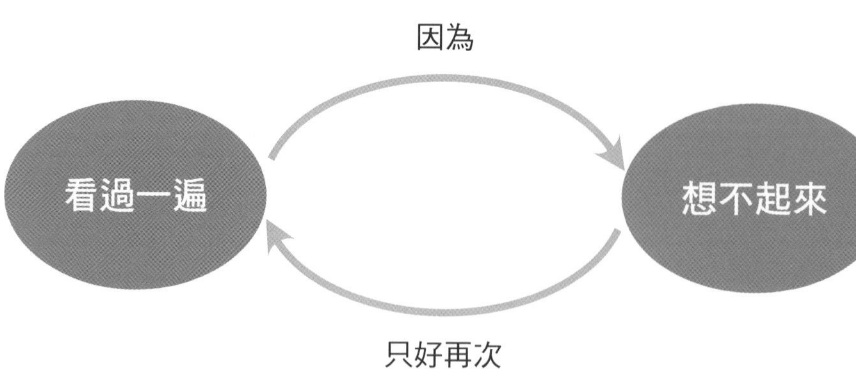

事。想解決問題，首先要先有耐性！要有耐性去分析問題的核心，才能對症下藥。

多數情況，我們選擇的解決方式是「看過一遍」之後因為「想不起來」，所以只好「再看一遍」。這種思路就跟看小孩子學走路一樣，小孩走不好，就讓他再走一次，最後總能走得好的。其實這種思路沒有錯，但忽略了走路算是機械式運作，同樣的道路用同樣的方法練習，只要重複一樣的動作，一定會得到一樣的結果。

但是閱讀的素材，每次都不一樣，就像是你每天都開著不一樣的車子，今天是家庭房車，明天可能是休旅車，後天可能是大客車，大後天可能是超跑。不同的車型，開車方式會不同；**不同的素材，就應該用不同的閱讀動作**。但是沒學過影像閱讀者，通常就是一招走遍天下——重複閱讀好幾次——這樣一來會大量增加閱讀的時間，就更加覺得自己沒時間去閱讀。

什麼樣的人需要學習影像閱讀法？

你如果是想：「我只是讀某幾類的書比較不行而已，其他的書都還可以。」

或者，你是想：「其實我的閱讀能力還不錯啦，只是現在的工作 E-mail 每天就一兩百封了，LINE 上又十幾個工作群組，有時還要關心一下親朋好友的 Facebook 或是 Instagram 之類的，要看的東西真的太多了啦！」

E-mail 看不完、LINE 看不完、社群網站看不完的人，就需要學習影像閱讀法。

這裡我用另一張圖來解釋，請看下方。假設我們在剛剛買來的電腦上打字輸入完畢，按下存檔鍵後關掉檔案，過一陣子再度打開檔案卻發現一片空白，或是只留下片段的文字。於是，你決定重新再打字輸入一次。

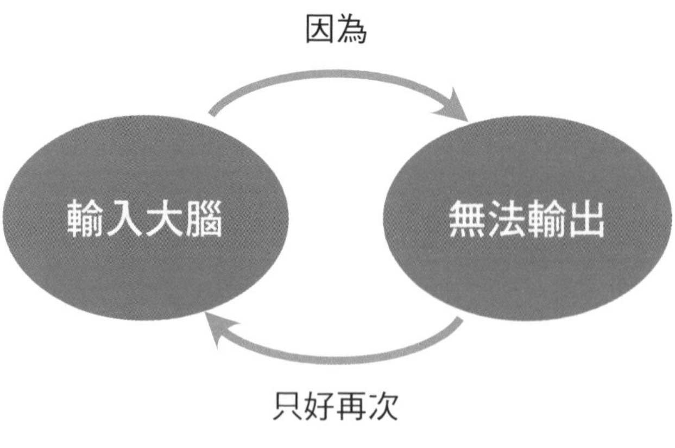

但是一連三次，你的電腦都出現相同的現象，請問，你還會想再重新打字輸入一次嗎？於是你決定請電腦工程師來維修一下電腦，但工程師給的回應是「電腦完全正常」。沒想到你再度使用這台電腦後，還是遇到了相同的不正常現象。請問，這時你會懷疑是電腦有問題？還是自己的使用方式有問題？

請將上面的句子中的「電腦」全部換成「大腦」。

屬於成長心態或是內控心態的人會想：「我的大腦能力沒有問題，肯定是我的方法有問題。」

屬於定型心態或是外控心態的人會想：「我的大腦能力怪怪的，我是不是天生就不如人？」

愛因斯坦說：「每天做一樣的事情，卻期待不一樣的結果，那你一定是瘋了。」生活環境改變了，閱讀素材改變了，**閱讀方式就應該要隨之改變**。

我的教學經驗告訴我，成長心態或是內控心態的人，思考較有彈性，學習任何事物的成長速度都最快，當然也較能快速調整自己的閱讀方式，更快學會影像閱讀法。

書買了卻總是沒有時間看？

碩士剛畢業的依蘭，在一家跨國企業的在台分公司上班，工作上的事務對她來說還可以算是游刃有餘。下班後喜歡去逛逛書店，雜讀的她總喜歡在書店中翻翻看看有什麼不同話題的新書，只要初步瀏覽起來覺得是有趣的，就會買回家。

依蘭這一兩年來，內心總有個困擾，就是每次面對房間書櫃上滿滿的書，心中總會想：「只有不到三分之一的書是看完的，還有三分之二的書我都還沒看啊?!」這一絲絲的遺憾，就像是鞋子裡的沙子一樣，雖然沒什麼大礙，卻總是隱隱刺痛著她。

在影像閱讀訓練結束後的兩個月，某天依蘭很興奮地對我說：「我昨天看書兩個小時就賺到500元喔！」

我實在想不通，於是滿臉疑惑地問：「怎麼賺？」

依蘭用狡猾的眼神看著我說：

「我跟同事去逛書店，同事對我在翻書的樣子感到好奇，也很懷疑我真的有在看書嗎？為什麼翻書翻那麼快？於是我們打賭，如果我真的在一個小時內看完這本書，她就要買下這本書送我。第一次我成功了，她不相信，我們又賭了第二次，她又輸了，於是她買下了兩本書送我。所以我在兩個小時內賺到兩本書５００元！」

台語俗話說：「生意仔，難生。」在使用專長去賺錢這一點上，依蘭舉一反三的能力實在是太厲害了。

老是讀不完一本書的人，
可能在兩小時內看完兩本書嗎？

愛因斯坦說：「每天做一樣的事情，卻期待不一樣的結果，那你一定是瘋了。」

唯有改變，才能成長
唯有學習，才能改變命運

母子一起學，媽媽不一定會輸

柔媽跟剛上大二的兒子一起來上影像閱讀課，一見面時就跟我說：「我帶兒子來上課，是要以身作則地讓他知道，我這個家庭主婦都這把年紀了，還在不斷地學習、吸收知識，你這麼年輕怎麼有資格可以說不學習？年輕人不學習的話，是要怎麼跟我們這種老年人競爭啊？」

可能是以身作則發揮作用了吧？柔媽的兒子上課很認真。

但根據我的教學經驗，大多數的情況下學歷越高的人，進行影像閱讀的學習時，進步速度假設是１０，學歷較低的人，進步速度就會是１５或是２０。果不其然，在上課中，柔媽的進步速度一直比兒子快很多。

一個月後，再度見面時，柔媽很開心地對我說：

「我跟你講，我現在不到三十分鐘就能看完一本書，我真的是太開心了！

沒想到我這種年齡來學影像閱讀，還真的能學會啊?!有時候一本書我兒子還沒看完，我就已經看完了。兒子還很不高興地問我：『你怎麼知道你真的有讀到重點？』你看看這小孩就是這樣子，自己輸人沒面子，就懷疑起父母了。我跟他說：『等你達到我這個水準時，就會知道重點只有這些而已，哈哈哈！』」

看著柔媽得意的樣子，我大概能想像得到她兒子的臭臉。不過這種互相吐槽的說話方式大概就是他們家一貫的互動方式吧，我這時候只要陪著笑就好了。

一次解決累積已久的閱讀問題

愛蜜出生於美國，在台灣成長，小學畢業後再回到美國念書直到大學畢業。念心理系時寫報告必須閱讀大量書籍，因為看書太慢而必須時常熬夜，為了把書看完，她偷偷嘗試了具提神效果的毒品。吸食後精神大振，專注力大幅提升，進入一種可以把整個頭腦投入在書中的狀態，經過一夜的百分之百投入，順利完成了期末報告，開心地不得了。寫完報告後，開始進入毒品效果退去後的副作用階段，這時她決定再也不碰毒品了，為了寫報告而吸毒，付出的生命代價實在太大了。

大學畢業後五年，愛蜜準備回台灣度假，打算趁此機會解決自己的閱讀問題。她一向很喜歡看書，也常常上網購書，企業管理學、歷史研究、心理學、財經投資等等，每次購書一買就是十幾本。但愛蜜總是斷斷續續地讀一本書，從第一頁到最後一頁，往往必須要花兩個月時間才能讀完。每一次看著書櫃，就告訴自己一次：「我一定要提高閱讀速度才行。」

在台灣接受十二小時的影像閱讀訓練後，愛蜜的閱讀速率從每分鐘452個中文字進步到1263個中文字，簡直不敢相信自己的成績，也不敢相信自己真的這麼快就能做到閱讀速率提高2．79倍。在閱讀速率提高的狀態下，理解率也從55%進步到85%，這一點讓愛蜜當場大喊一聲：「Wow！」

我看著愛蜜，心裡很為她開心，但心情卻很平靜，畢竟像愛蜜這樣有了巨大轉變的案例，我已經見過太多。常有帶著懷疑眼光來上課的學員，聽完講解後會帶著更加懷疑的眼光跟著大家一起練習，然後抱著一種好像上了賊船的心情繼續練習，最後用一種「我到底有沒有進步呢？」的疑惑心情接受了學後測驗。但是成績公布的瞬間，臉上立刻出現「我居然能做到」的表情。

回到美國一年後，愛蜜突然來信：「我很開心去年回台灣學了影像閱讀法，我現在每個月至少會看十本工作以外的書，我真的很開心能有這樣的速度，謝謝。」

註

❶ 但是電子書相對來說，也沒有辦法捐給圖書館或是送人，以創造書本的第二春，或是失去了跟朋友互相贈書的交流機會。

❷ 這部分的閱讀方法，請見第四章第207頁。

第2章

不是幻術、也不是魔術的影像閱讀法

- 影像閱讀法的起源
- 看書、看手機、看平板都好用！
- 中外名人也都在用影像閱讀法
- 別被這些想法拖累閱讀速度
- 一分鐘看不完60頁怎麼辦
- 什麼樣的人適合學習影像閱讀法？

影像閱讀法的起源

世界各國都有專家各自研究如何速讀，所以「速讀法」並無世界統一的標準方式，這跟國家自身家的文化與教育方式有關，各有所長。

英國人東尼．博贊（Tony Buzan）在一九七〇年代發表了「全腦式速讀」（Speed Reading）。我在學習「全腦式速讀」後，就發現這其中的「速讀」兩字中文翻譯並不好，畢竟我們要做到的是「全腦式閱覽」，而不是要唸出聲音（兩者的差別詳見本章第４０頁分析）。閱覽跟讀書，在中文的意義不同。覽，是用眼睛看。讀，是用嘴巴唸。

當時我上完課後，還是覺得自己應該要多涉獵一些有關於「全腦式閱覽」（或稱「快速閱覽」）的相關知識，才又接觸到了「十倍速影像閱讀法」。

美國人保羅．席利（Paul R. Scheele）在研究「神經語言程式學ＮＬＰ」、「加速學習法」、「速讀法」以及「如何在短時間內有效率地學習」之後，在一九八五年正式發表了「十倍速影像閱讀法」（The Photoreading Whole Mind System）。

英國人東尼．博贊與美國人保羅．席利，兩人的做法大同小異，有著極大的相似性，都是要將左腦發出的聲音（可稱為「內心小劇場」或是「內在聲音」）關閉，將文字視為圖像，以右腦的圖像力來接收眼前書中的所有訊息。

一般的速讀法，你需要一台名稱為「目力機」的練習機器或程式軟體、APP，而「全腦式速讀」與「十倍速影像閱讀法」都完全不需依賴任何外力介入，**只要有一本書在手，隨時都能動眼練習。**

看書、看手機、看平板都好用！

因為在國外，例如歐、美、日這幾個地區，影像閱讀課程要小學畢業後才適合參加，會這麼規定的原因跟語言邏輯、認知發展等腦力發育有關，於是我在台灣僅教授十八歲以上的大學生或社會人士學習影像閱讀法。

曾有學員問我：「你給我們練習的文章都是中文，英文文章也適用這些方法嗎？」

當然可以啊！因為這些方法都是自英美國家引進的閱讀技巧。

又曾有學員問我：「你教我的方法，都是用書本作練習，我也可以用這些方法在電腦、手機、平板上使用嗎？」

當然可以啊！書籍、電腦、手機、平板只是呈現文字的介面工具不同，共通點是你都要將文字輸入自己的腦中。

差異點在於電腦、手機、平板的排版方式，不像書籍的版面可以多樣豐富，所以影像閱讀方式也較為單一。更詳細的分析與描述，請見第六章第248到262頁。

中外名人也都在用影像閱讀法

提升「閱讀速度」的訓練，從十七世紀開始就有了，世界各國都有人在進行這方面的研究，也陸續建立起自己的一套訓練方法。但是不管初階或中階的速讀訓練方法為何，到達高階的速讀訓練時，就必須要達到影像閱讀的能力。

真人故事翻拍的電影《雨人》，主角每分鐘最多可閱讀二萬字。他的左眼讀左頁，右眼讀右頁，但這是非常罕見的情況。

總統是一個特別需要速讀能力的職業，因為總統要處理的文件相當多，需要能快速消化與良好判斷的能力。美國歷代總統有多人都使用影像閱讀法：

喬治・華盛頓	湯瑪斯・傑佛遜	老羅斯福總統	小羅斯福總統	約翰・甘迺迪	吉米・卡特
↓	↓	↓	↓	↓	↓
書本只會讀一次，不需要重覆閱讀。	不管是休閒娛樂或是吸收知識，都是有目的地閱讀，並使用時鐘來控制自己的閱讀速度。	每天早餐時會閱讀一本書，有時一天閱讀三本書。	一次閱讀三行文字。他會快速瀏覽一個頁面，然後翻頁並思考書中內容。	一分鐘閱讀三百字，學習影像閱讀法後提升到一分鐘一千字以上，歸因於能夠一目了然地閱讀和吸收大量詞彙的能力，同時推薦員工學習並應用影像閱讀法。	曾在白宮內舉辦影像閱讀法課程。❶

日本人井上裕之，是年收入一億日幣的牙醫博士、經營學博士、心理治療師、經營顧問及島根大學醫學部臨床教授，身兼多重與多職身分，能做到這些都是因為他學習了影像閱讀法。❷

台灣藝人林青霞，年輕時因拍片忙碌，需要快速閱讀完報紙的資訊，所以她也學習了速讀。

我知道你看了這些例子之後，還是很懷疑影像閱讀法真的對你有用嗎？因為你對自己的閱讀能力毫無信心。

美國新英格蘭大學（University of New England）的 Jennifer Thorne，曾經研究影像閱讀法對閱讀流暢性的影響，得到結論是：訓練前，學生對閱讀是沒有自信的；經過訓練後，學生的閱讀流暢性與閱讀自信心則都會提升。

別被這些想法拖累閱讀速度

1. 一個詞語接著一個詞語讀

雖然我們口頭上常說：「一個字、一個字唸下去。」但實際上一般人閱讀這一句話：「閱讀中如果見樹不見林，就容易失去焦點，掌握不住精髓。」其實心中是這樣默唸的：「閱讀中——如果——見樹不見林——就容易——失去焦點——掌握不住——精髓。」以一個詞語、一個詞語的方式緩慢地讀（唸）下去。因為是在心中默唸，有時自己也沒發現自己斷句斷得不恰當，而導致整個句子變得難以理解。

哲學家阿蘭針對「閱讀」這件事情曾經指明：「我們是要學習思考，不需要把詞語一個個分開，一個音節沒有意義，甚至一個詞語也沒有意義。」

影像閱讀高手會著重在理解詞語「組合後」所表達的意思。理解一句話或是一段話的涵義才是最重要的，因為任何一個詞語必須在有上下文時出現，才能建構出文句完整的意義，所以不要執著在一兩個看不懂的詞語，應該要繼續看下去。這就是為什麼學會影像閱讀法後，閱讀速率越快，通常閱讀理解力也會越好的原因。

2. 看書非得從頭讀到尾

普通情況下，我們都很害怕整本書沒有全部看完，要求自己非得從第一章讀到最後一章，或從第一個字讀到最後一個字。好像沒看完就代表自己半途而廢、沒看完就等於一定會遺漏掉書中某些重點、沒看完就表示自己有一件事情沒有完成。我還聽過很特殊的理由，認為沒看完就表示自己買書的錢還沒有回收回來。

正是這些信念與評價，讓我們覺得沒把書看完，真是糟糕的一件事情。親愛的讀者，實情不是這樣的！

如果全部都非得閱讀完畢的話，有時會產生反效果喔！強迫自己把不重要或是不感興趣的資訊，一股腦地通通塞進腦中，等於花費時間去把自己弄得疲累不堪。

影像閱讀高手懂得去蕪存菁，是在「閱讀時」就去蕪存菁，而不是在「閱讀後」才去蕪存菁。影像閱讀高手不會把寶貴的時間花在閱讀不符合自己閱讀目的的章節或段落上。

至於如何建立「閱讀時就去蕪存菁」的能力，請見本書後面的章節，並好好地練習。

3. 別人讀得津津有味，我卻沒有任何想法？

別人在這本書上讀出了滋味，自己卻什麼都讀不到、也沒有產生想法的時候，到底該怎麼辦呢？其實一樣米養百樣人，每個人都有優點跟缺點，每個人的興趣都不相同。閱讀這件事情是很個人化的，你不需要跟別人比較，更不用去比較。

國中女生A告訴我：「〇〇的作文雖然拿高分，但都是在寫廢話，明明簡單幾個字就寫完的句子，偏偏要寫成長長的句子。」❸

國中女生B告訴我：「我覺得〇〇的作文，情境描述仔細，讓我能沉浸在他那優美的情境中。」

A與B，兩人的看法都對。A不需要得到B的認同，B也不需要得到A的認同。

正是因為人有百百款，我們也才有機會讀到百百款的觀點，進而延伸與擴展出更寬廣的視野。

4. 我的閱讀能力大概沒救了！

有些人會覺得自己一直都不會閱讀，也不怎麼閱讀，閱讀能力大概是早就沒有救了。但其實沒有人是天生的閱讀高手或閱讀低手！想想看，一個剛學走路的幼兒，會因為一步都走不穩而連續跌倒個幾次，就自覺自己這一輩子只能在地上爬嗎？

這個幼兒的爸媽，會因為孩子連續幾次都步伐不穩，而直接認定孩子未來一定會走不好路嗎？

想想看，我們是不是在進入學校之後，因為有了考試，才開始逐漸產生這種信念：「自己連續幾次都做不好的事情，以後要做好是很難的。」或「現在都做不好的事情，以後在這個點上可能永遠都會不如人。」

其實大腦天天都在生成新的腦細胞，並非出生後就不再新生[4]。這意味著不管從幾歲開始學習，只要不斷地學習、學習、再學習，大腦都會不斷地進步。

5. 學成之後沒繼續用會退步嗎？

「老師，我學會影像閱讀法之後，會不會因為一陣子沒有使用就退步，最後閱讀能力又恢復成原狀？」

這個問題的假設前提是「一陣子沒有使用」，所以要先反問你自己：「為什麼要一陣子不去使用呢？」

影像閱讀法是讓我們從大量資訊中解脫的祕訣，完全拋棄不良的閱讀習慣後，也應該把鍛鍊自己的這個態度運用到生活各項層面上。總是會有必須獨自一人在吸收知識的時候，因此必須妥善地分配自己的專注力，精益求精。既然每天都要看很多資訊，那就每天都留意一下自己的閱讀方法是否正確。

早在十幾年前，我已經不再每天特別撥出一段時間來練習影像閱讀法，但是我會在必須短時間吸收大量資訊時，直接運用影像閱讀法。以我現在的狀態來說，閱讀電子書或紙本書籍時，仍可保有一分鐘60頁的能力。

一分鐘看不完60頁怎麼辦？

心笛問：「我已經開始練習影像閱讀了，但還是沒辦法一分鐘看完60頁，該怎麼辦？」

我說：「不怎麼辦，就繼續練。」

我的主要授課對象是成年人，這個疑問是超級容易遇到的學員反應，而這些人往往忘了「術業有專攻」。生理年齡已經超過十八歲，閱讀能力也通過大學課業的考驗，但在影像閱讀的領域上，根本才剛踏進幼幼班而已；現在才剛進入幼幼班，怎麼可以用大學程度的標準來要求自己呢？

換個例子來說，一位三十歲的生物學博士剛剛踏入法律系的教室，他對法律領域的學習表現，並不一定會比剛考上大學的十八歲高中畢業生更好。

經過觀察，會提出這種反應的人，通常分屬以下兩種類型的心態：

1. 定型心態者

覺得我在A領域表現不好，B領域應該也會表現不好；在A領域表現好，B領域應該也會表現好。學歷越高的人，有這種想法的比例就越高。

2. 急於求成者

在生活或是工作中遇到很大的閱讀困難，因為已經火燒屁股了，所以必須快速解決閱讀問題的人。例如：一、兩個月後就要參加大型考試，或是工作已經很忙碌了，主管又丟下一大堆資料，或是必須去搜尋大量資料來彙整，所以才會想來參加影像閱讀課程。

確實有人能在一、兩個月內就建立影像閱讀的能力，但我只能告訴那些火燒屁股、抱持著臨時抱佛腳學習心態的人，通常是得不到你想要的速效結果。我不是要故意潑冷水，但是進步迅速與否，得看你每天投入的練習時間，還有練習方法是否正確。

如果你不敢保證自己能在火燒屁股時做到密集且大量地投入練習時間，那麼是不是應該要好好地立下決心、提早開始學呢？

什麼樣的人適合學習影像閱讀法？

1. 年紀大的人學不會？

曾在社交場合中遇到過一、兩次，對方一聽到我會教授影像閱讀法就立刻說：「速讀不是小學生學的嗎？長大後就學不會了吧？」

咦？眼前的人是聽信了哪些三教九流的說法，才會下這樣的判斷呢？

通常會下這種判斷的人還處於道聽塗說的階段，連認識影像閱讀的門都沒打開過。我也不會就這個疑問繼續深談，只會簡單回答：「不會喔！我自己就是長大後才學的，也專門在教大人。」

另外有一個朋友露露轉述的例子。她的朋友A送小孩去速讀補習班上課，A很好奇地問老師：「老師，你自己的閱讀速度有多快呢？」該老師回答A說：「這種能力要小孩子才能訓練出來，長大後就沒有辦法訓練了，所以我只能教孩子怎麼做到速讀。」於是露露問我：「但我看你看書速度很快，所以真的有這種限制嗎？長大後就學不會了？」

面對熟識的朋友，我就會開門見山地回答：「當然沒有這種限制啊！那位老師自己做不到速讀，才拿這種說法來搪塞吧？在國外，有很多專門教授成年人的速讀補習班呢。」其實先前第34頁提到的保羅・席利，以及第38頁卡特總統的速讀老師伊芙琳・伍德，也都是在大學畢業後才學習這些提升閱讀速度的技巧。

2. 年紀越小學得越快？

過去曾多次遇到家長問我：「影像閱讀法是否越年輕學、效果越好呢？小孩子的圖像能力好、學習效率也快，是不是剛上小一就應該開始學影像閱讀？」其實當下我都會為這些家長感到很心疼：究竟是什麼樣的環境壓力，讓你們想把中文字才認識沒幾個的小孩送來學影像閱讀？

通常我會回答：「我們是教導學生如何快速閱讀文字的課程，如果孩子中文字認識得不多、還需要依賴注音符號的話，現在來上課對孩子是沒有幫助的。」

語言邏輯通常小四以後才會發展到一定程度，同時也認識了夠多的文字，有能力閱讀五百字以上的文章，所以這時才具備學習影像閱讀的基本條件。在國外，國中以後才會開始學習影像閱讀，因為這樣才不會干擾、甚至妨礙了孩子的語言邏輯發展過程。

閱讀是學習任何知識的根基，影像閱讀可以在你原有的閱讀能力基礎上進行提升，但是年紀太小的孩子，本身的根基還不夠穩固。以平均來看，十二歲以下孩子學習速讀法，就像是在沙地上蓋樓房，是外表看似堅固的豆腐渣工程，僅能接受淺薄、輕量化的知識；除非他自己有意願繼續鑽研閱讀理解這件事，否則長大後如果遇到艱深又錯綜複雜的知識，大概就得舉手投降了。

只要遇到曾在十二歲前學過速讀，但是成年後對自己的閱讀能力還是不滿意的學生（不管這些人自認為閱讀情況好還是差，因為個人感覺容易失真，所以我希望能用更加客觀的方式了解他們的閱讀能力），依照慣例我都會進行課程前的學前測驗，而他們的閱讀能力成績，通常也跟從來沒學過速讀的人相差不遠。

從這群人身上，我觀察到的結果是：

1. 「語言邏輯」跟「心理認知」有關，並不存在「贏在起跑點」的效果。
2. 就算贏在起跑點，如果缺乏持續的運用和練習，還是有可能會輸在終點。

3. 很少看書的人，也能學得會嗎？

俗話：「天下無難事，只怕有心人。」
我說：「天下有難事，正是懶惰人。」

我常對學員說：「不要叫我老師，請叫我教練，因為這些方法不是聽懂就好，還需要大量練習，才能達到讓你自己心滿意足的程度。」影像閱讀，有練習就有效果。一段時間沒有練習，你會退步，但是放心，不會退回到學習之前的狀態。

我將影像閱讀的學習過程分成以下四個階段：

- **第一階段：**閱讀速率提升，但是理解率提升很少，甚至沒什麼提升。因為是要求閱讀速率提升的階段，所以理解率只要維持在60%即可。
- **第二階段：**閱讀速率繼續提升，理解率穩定維持在80%。
- **第三階段：**閱讀速率繼續提升，可以開始拿平時很少涉獵或不曾涉獵的領域書籍來進行速讀練習，讓自己的理解率穩定維持在60%即可。
- **第四階段：**閱讀速率繼續提升，在很少涉獵或不曾涉獵的領域書籍中，理解率可以穩定維持在80%以上。

處於第一階段跟第二階段時，很需要天天練習，好將影像閱讀的技巧內化成終生不變的習慣，這段期間的你絕不能偷懶、絕不能給自己找藉口、絕不能採取三天捕魚兩天曬網似的練習節奏。

每天持續做一點點練習，比一次做很大量卻有一搭沒一搭的練習，效果更好。

4. 討厭看書的人，學了會愛上閱讀嗎？

多數人「認為」閱讀很重要，卻無法將閱讀很重要的「原因」講述完整，這完全是因為「閱讀給每個人帶來的收穫」是因人而異的。

對討厭看書的人來說，他在過去的閱讀經驗中並沒有獲得成就感，甚至只累積出挫折感。逃避痛苦是人的本性，於是認為只要直接告訴別人「我討厭看書」，就能讓自己不必再去面對閱讀所帶來的挫折感了。

影像閱讀除了「提升閱讀速度」之外，還有很大一部分的重心是放在「提升閱讀理解力」。以上這種人，其實很適合學習影像閱讀，因為他只是不懂得提升閱讀效果的方法。**學習如何提升閱讀理解力，可以快速幫他們建立成就感。**

5. 眼睛有狀況的人，也能學得會嗎？

有近視、老花、遠視、散光等等狀況的人學習影像閱讀，就跟扁平足的人接受馬拉松跑步訓練一樣，學得會，但學習過程會比一般人稍微再辛苦一點，而且需要戴上矯正視力的眼鏡來進行影像閱讀練習。至於一隻眼睛看不見的人，練習時則須改變一下書籍的擺放位置。只要不是正在罹患白內障、青光眼或嚴重黃斑部病變等眼睛疾病，只要你夠努力，都能學得會影像閱讀。

6. 不知看書有何意義的人，會發現看書的好處嗎？

閱讀是一個範圍較大的統稱，讀書、唸書、看書，都只是其中的一種方式。有時我們看的並不是書，而是影片字幕、廣告標語、宣傳文案、便條紙、公文郵件、說明書等等之類的文字。

對於不知道看書有何幫助或意義的人，或許你真的不太需要看書，但是正如前段所舉的例子，**凡是生活中有文字存在的地方，其實都是閱讀**。

對網路訊息流變有所涉獵者，對於「碎片化訊息」的字眼應該不陌生。正因為網路訊息的傳遞方式將我們的時間變成了「碎片化時間」，導致網路訊息的提供方式也將訊息變成了「碎片化訊息」；「碎片化訊息」進入大腦後，讓我們的知識回憶也變成了「碎片化記憶」，大大降低大腦進行系統性思考的機會。

影像閱讀對於重建大腦的系統性思考能力有所助益，持續使用影像閱讀的人，都能切實感受到有些自己過去做不到的地方，正慢慢地被開啟，覺得大腦真的被開發了！

7. 學影像閱讀跟跑馬拉松一樣辛苦？

有時會有學生問：「聽說練習影像閱讀的過程就跟跑馬拉松一樣，是一條很辛苦的漫漫長路，你覺得我能學得會嗎？」

因為聽到其他人說學習影像閱讀很不錯，或者看到別人學會影像閱讀而羨慕，心中暗自決定也要來學學看的人，是屬於學習動機不堅定者。他們不管學習什麼事物，只要成果能夠低空飛過就覺得心滿意足；或是被要求成果必須達到六十分以上時，就立刻覺得太辛苦而很快放棄，不再練習了。

在這種「有，也好；沒有，也無所謂」的心態下，自我要求低、學不會是正常的結果。影像閱讀比一般的速讀法更加強大，卻也更需要更多自我挑戰的心！只要你願意拋棄任何自我否定、自我限制的心態，持續一步步地操作，等時間過去，你就會自然達到學習影像閱讀的效果。

8. 要看好幾遍才懂的人，也能學得會嗎？

在閱讀時會想要不斷回頭重讀一次的人，可能是處於以下兩種情況：

(1) 專注力不足

腦中處於無意識的放空狀態，手一直翻書，眼睛一直在紙面上滑動，但因為心不在焉，什麼都沒有看進去，所以只好再重讀一次。

(2) 遇到超乎自己知識領域的文字

因為一個字詞不太懂而在前後文不斷地反覆思索，這是正常的現象，表示自己的大腦正在擴張知識領域，應該是件值得高興的事情。

情況(1)完全是閱讀的不良習慣，這種人更應該學習影像閱讀法。情況(2)雖不完全是不良習慣，但是影像閱讀法可以幫助他們縮短突破自我盲點的時間。

9. 一本書好幾個月看不完的人，學了會改善嗎？

有一種人書看完一部分、擱置一兩周後內容就已經忘光光，只好從頭開始閱讀，一本書看好幾個月還看不完，學習影像閱讀能改善這項問題嗎？

這種情況是結果不是原因，真正的原因其實是閱讀速度太慢。閱讀速度越慢的人，就會越難讀懂書的內容，甚至無法讀完一整本書。只要提高閱讀速度，第一次閱讀就能把整本書看完，根本不需要分成好幾天來閱讀，所以影像閱讀絕對是超適合這種人的閱讀祕訣！

註

❶ 是由美國伊芙琳．伍德（Evelyn Wood）所建立的 Speed Reading Dynamics 速讀課程，她一直在大學中授課，約翰．甘迺迪與吉米．卡特兩位總統，都曾修習過她的影像閱讀法課程。

❷ 井上裕之在《99％的人拚得死去活來，為什麼1％的人可以年薪一億躺著賺？》（今周刊出版，二〇一六）中，鼓勵大家一定要學習影像閱讀法，讓自己學習起來可以比別人快三、四倍。

❸ 開個小玩笑，這個國中女生自己也是在講廢話啊，其實她可以這樣簡單地說：「〇〇的作文雖然拿高分，卻是短話長說。」

❹ 過去常見的錯誤說法是腦細胞在出生後數量只會越來越少，暗示著腦細胞只會死亡、不會新生。

第3章

開始啟動10倍速的閱讀

一、準備
設定閱讀目的
進行自我肯定
專注力集中法

二、預習
不同主題的閱讀目的
找出關鍵字
閱讀心態的陷阱

三、影像閱讀
書籍的閱讀
文章的閱讀

四、高速閱讀
閱讀速度隨心所欲
熟練後的步驟
精熟後的步驟

五、心智圖活化與整合

・步驟一：瀏覽——超閱讀、檢視閱讀
・步驟二：找關鍵字——挑讀、分析閱讀
・步驟三：只看關鍵字——第三種跳讀
主題閱讀（比較式閱讀）

・步驟四：活化資訊——製作心智圖
・步驟五：補充資訊——補充心智圖

看新聞報導文章或雜誌時事分析時很輕鬆，表示我們的理解力跟記者的表達力相符合。我們從中知道了更多、記住了更多，卻無法從這次的閱讀過程中訓練到理解力。

看一本覺得有點困難的書，表示作者表達的內容比我們理解力高一點。克服這本書之後，我們的理解力就會進步到跟作者一樣高了。

影像閱讀的過程是一種綜合型的過程，就像是積木遊戲一樣。如果只有正方形的積木，能組合出的造型有限；如果我們只會一兩招的閱讀方式，我們能解決的文章素材類型也是有限。

如果我們手上有正方形、長方形、圓形、三角形等形狀的積木，同一種形狀還有不同尺寸的話，那麼組合出一個變形金剛的可行性，就大為增加了。

本章就是要告訴你——想要達到變形金剛等級的閱讀能力，必須要具備哪些要項。

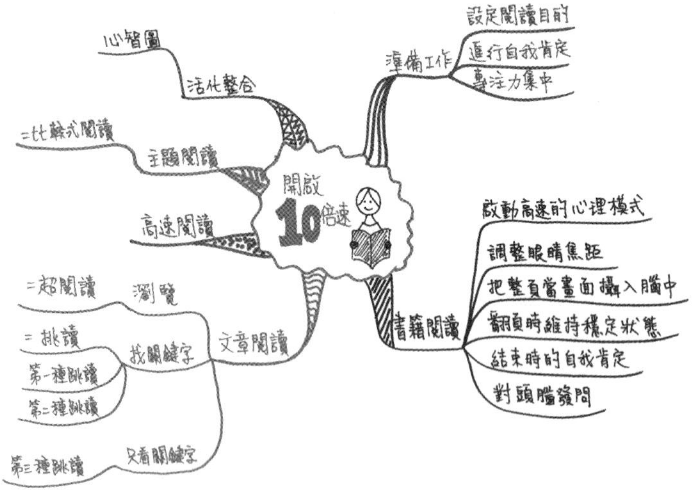

開啟 10 倍速閱讀

一 準備

設定閱讀目的、進行自我肯定、專注力集中，這三項是提升閱讀理解力的必要項目，就像是牛腩、咖哩、洋蔥，缺少一項，就少了一味，就不是好吃的咖哩牛腩了。

閱讀其實就像做菜一樣，不能死守別人的食譜食古不化。你當然可以額外再加入一些項目，讓你的閱讀過程創造出不同的風味。

設定閱讀目的

很多人拿起一本書卻從不思考：「閱讀這本書是為了什麼？」

練習射箭時，沒有標靶在眼前，就很難知道自己的射箭技術是好還是不好？

閱讀目的，就是標靶。閱讀前必定要下定決心，設定閱讀目的！

標靶的十分區要設定多大的面積才合理？九分區的面積又要設成多大呢？你的射箭技術非常好，但如果沒有一個合理的標靶在眼前，又該怎麼評估射箭技術到底有多好？

「決定自己的閱讀目的」是閱讀前的必要步驟，而這句話中有三個關鍵字：「決定」、「自己的」、「閱讀目的」，以下分別說明。

1. 決定

別輕視「下決定」這件事情，有些人就是無法下決定。有時我會遇到學員拿著文章或是書籍來問我：

「咦，我看不出來這篇文章有什麼重點耶！」

「我不知道重點在哪裡？」

「我不知道這篇文章要怎麼去抓重點。」

面對這種場景，我一律先回問：「你為什麼會想要看這篇文章呢？」

如果他的答案是因為某某人推薦，或是有工作上的需求，所以要看這篇文章，我就能確定，**他是因為缺乏閱讀目的，所以才無法進行抓重點的工作。**

日本百萬暢銷書推手、日本第一書評家土井英司，建議大家**閱讀商業書籍時要做到：**

「讀書，是從數千行字裡，畫出專屬於自己，能夠拓展未來、翻轉人生的一條線。」只畫出「一條線」，就表示只要選出最重要、最重要、最重要的重點出來，這樣就夠了。

土井英司的這段話等於是告訴我們——閱讀，只要瞄準十分區就好，因此必須努力找出

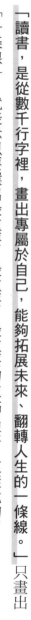

十分區。這個說法很符合80／20法則的概念——關鍵點僅佔整體的少數，只要找出「關鍵的少數」就能掌握「整體的多數結果」。

正因為影像閱讀者能夠敏銳地找出一本書裡的「關鍵少數」來閱讀，因此能夠自動理解「整本書的多數結果」，因而閱讀速率是一般人的10倍以上。

如果讀到這裡，你還是不相信一本書的重點其實只佔很小的比例，那麼請看看十六世紀英國哲學家培根的說法：「只有極少數的書需要細細咀嚼，再加以消化。……只有極少部分的書值得認真熟讀。」就連告訴我們「知識就是力量」的哲學家培根都這麼說了，你還要繼續用小學教的閱讀方法，來應對成年人的社會嗎？

2. 自己的

國民義務教育，一定會有考試。若義務教育中沒有考試：不愛唸書的學生就不會唸書，學生不唸書，老師就沒有施力點；愛唸書的學生就不知道自己的程度好壞，老師就沒有調整教學方法的警覺性。

BUT（人生總是會有BUT的存在），考題若是選擇題，意味著一定有一個標準答案，暗示我們凡事都有標準答案。即使是複選題，也是向我們的潛意識暗示人生中的解答，選擇性跟可能性很少，如果跟老師的答案不一樣，肯定是我們錯了。

所經歷過的大大小小各種考試有幾百次，我們就被暗示了幾百次，於是形塑了成年人的閱讀框架。更慘的是，成年人會把這個閱讀框架繼續套在小孩子身上，於是閱讀方式就這麼一代一代傳下去。這個閱讀框架就是：

1. 一定有大家都認同的重點（標準答案）。
2. 我的答案跟別人不同，所以其中一定有一個人的答案是錯的。

請各位想想以下兩句：「他的眼睛是綠的」跟「他的瞳孔是一片廣闊的綠」有何不同？

- 以溝通老師來看，兩句話表達出一模一樣的意思 → 他有綠眼睛
- 以寫作老師來看，「他的瞳孔是一片廣闊的綠」→ 用字遣詞較為優美
- 以法律老師來看，兩句話表達出一模一樣的意思 → 陳述眼睛的顏色
- 以心理老師來看 → 兩句文字表達出不一樣的認知與隱含意義

看吧，每個人看同樣的文字，都會將自己的背景知識投入，做出不同的解讀。那麼，在閱讀一本書時，你還要追求「別人眼中」的標準答案嗎？

3. 閱讀目的

別把「閱讀目的」想得太嚴肅，影像閱讀法就只是對眼前的書提出一個問題：「這本書現在會給我什麼收穫呢？」

也就是說，閱讀者應該主動去搜尋跟目前的需求有直接相關之處的閱讀材料，不相關的就不應該浪費現在的時間去閱讀。

影像閱讀高手知道，哪些地方不應該浪費「現在的時間」在上面，會自動跳過這些對「現在的我」來說並不重要的地方。

必須要注意的是，閱讀目的必須是自己本身有可能達成的。「我希望能全部記住閱讀時所得到的資料。」這種想法絕對是錯誤的。**背誦或者百分之百地記住作者的內容，本來就不是閱讀所要達成的目的，這種錯誤目標只會讓你產生更大的挫折感。**

正確的方式是：「我會在閱讀時正確地吸收書中內容，並且把這些內容立刻運用在生活中。」閱讀是為了讓自己能力更好，這就是你能自行達成的閱讀目的。

一般來說，閱讀目的有五種：

(1) 整理資料

有次我參加某個課程，課程中有個「老是畫錯重點」的學員 A，時常舉手發言他那斷章取義後的個人意見，老師必須不斷地為他再重覆解說一次。也因為他一直畫錯重點、一直跟老師爭論，覺得老師的頭上都快要冒煙了。

我認為學員 A 的主觀意見太強、缺乏「空瓶心態」，帶著自己的閱讀框架去解讀老師的話語，對他來說，當然什麼新獲得（老師講述的重點）都沒有。如果我對於某領域不是很專精，就會先放掉自己的任何意見，先讓腦中的聲音（內心的 murmur）閉嘴。

整理資料的閱讀，就是在腦海中進行摘要，只濃縮原本作者的意思，先不要加入自己的解讀，要像影印機一般，盡量忠實地呈現作者的原意。這時要特別注意的是，**一定要搭配前、後文，從作者文章的宏觀角度來進行閱讀**，不要斷章取義！

如果是屬於故事性的題材，例如新聞、時事雜誌、歷史、勵志故事、各類小說，肯定要從人、事、時、地、物、因、果、成本、價值的角度，來掌握作者所表述的流程、轉化點，特別要注意作者起心動念的原因跟最後的結果之間的邏輯性。

如果手上的素材，不是我自己挑選的，可能是主管指派的，也可能是朋友極力推薦的，表示主管或朋友們覺得這其中有我必須要知道的事情，我的閱讀目的就是「整理資料」。

最後補充一句話：為了整理資料而閱讀、為了考試而閱讀時，我們**必須要寫筆記才能活化所吸收的內容**。

(2) 探索研究

既然我要花時間去閱讀，當然要找真正的專家囉！

如果我要對於某領域進行深度探索，肯定會先到網路書店輸入該關鍵字，先找出所有相關的書籍，一頁頁仔細閱讀作者簡介，試圖找出真正的專家寫的書來閱讀。

先刪選初步的書目清單，再仔細閱讀每本書的大綱，特別將焦點放在每本書的「大同、小異」之處。

大同之處，就是該領域的基本知識。
小異之處，就是該領域的各門派的獨門見解。

大同、小異，一樣重要。

「大同」是第一步非抓取出來不可的，跟前述「整理資料」的閱讀目的一樣，都要摒棄個人意見（因為我是該領域的菜鳥，當然要先聽聽老鳥們的想法），忠實呈現作者的想法。

「小異」是第二步非掌握不可的。雖然《名偵探柯南》老是說真相只有一個，但是每個人所描述的事實都不一樣。所有的宗教，不管是一神教、多神教，全都有各種不同的教派、教會。三千多年來，多少哲學家想要找出人的價值，卻也出現各種不同的哲學思潮。幾百年來，多少心理學家想找出產生行為背後的真正原因，卻也出現了各種不同的心理學派。

為了不要妄下斷論，找出所有的「小異」是很重要的。

(3) 尋求認同

有次參加朋友間的聚會，素晴用一種有點興奮卻又有點肯定的表情對我說：「我覺得心想事成是真的耶！以前我到南崁交流道附近，路邊都是一整排的併排停車，整條路大塞車，大家都在找停車位，每次都要花費三十分鐘以上才會找到空位。自從按照你分享的方法去做，現在我幾乎一到那裡就會立刻發現有一個停車位沒人停，讓我能順利停進去。」

芸麗立刻補上：「我也是，我現在在台北市都能五分鐘內找到停車位。」我們三人都覺得隨時隨地在台北市能立刻找到停車位，是最簡單達成的願望。

素晴問：「我本來不相信心想事成，總覺得那也太像神蹟了吧，很像是神棍會講的話。但是聽你分享之後，才知道原來有很多腦科學上的研究跟心想事成有關聯性。你看的書真的很多，才有辦法將這兩個領域的內容串連起來。」

是的，我承認，而且大方地承認，我閱讀的書籍量不算少。

只要有用心過生活的人，都會有一種靈感突然降臨的時刻——「這件事情好像應該……」或「我想情況應該是……」，覺得這件事情好像有80%到90%的機率應該是這樣沒錯，但是又不太敢百分之百卻定是不是真的是這樣。

一旦我對某領域或某觀念，有點懂又不會太懂，有點懷疑卻又不知道要怎麼懷疑時，就會**大量閱讀該領域的書籍，好確定或是印證我的想法沒有問題**。我認為七本書是最基本的數量，既能避免妄下定論，也能避免過度偏頗。❶

世間很多道理都是共通的，有時在Ａ領域得到啟發，其實Ｂ領域也用同樣的邏輯思考在運作。鎖定某個領域，進行大量閱讀，就能增加觸類旁通的機會。

在學習影像閱讀之前，加上工作上要看的報章雜誌等資料，我一年的閱讀量大約是五十本左右。當我開始運用影像閱讀之後，看的書更多了，閱讀領域變得廣雜，第一年的閱讀量就將近六百本。

股神巴菲特在自傳中提出了一個投資心法——**雪球理論**——以找到濕雪為起點，還要有足夠的雪量，再加上夠長的長坡，才能滾出大雪球。要有好的投資成效，足夠的雪量是三項必要條件之一。

我將巴菲特的雪球論點借來比喻一下——除了找到適合你的閱讀方法，還要有足夠的閱讀量，加上夠長的閱讀時數，才能有好的閱讀成效。**要有好的閱讀成效，足夠的書籍閱讀量是三項必要條件之一。**

建議你要在第一年訂下「一年讀N百本書」的目標！這一年的總體閱讀目標是追求閱讀量的提升。

如果你此時胸口一悶，心中暗暗覺得「很難做到大量閱讀」，而且正巧站在書店中翻閱本書，那你真的、真的、真的要立刻把錢包拿出來，把這本書買回家去，好好地學習影像閱讀法！影像閱讀法讓你的長坡斜率變得更大、更陡峭，滾起雪球來也才更省力。

我覺得閱讀高手之路，五百本到六百本書是打地基的基本功。有量變才會產生質變。有了這樣的地基，第二年我在挑書上會更加精準，開始收縮閱讀量，大約是二百五十本左右，畢竟適合你閱讀目的好書不是天天出現。

第二年開始，把「一年讀 N 百本書」當作目標就毫無意義了，應當**轉而把「我要專精○○領域的知識」當成目標**，總體閱讀目標則要開始追求從 A 到 A^+ 的質變。

(4) 打開視野（Open minded）

前面提到的書評家土井英司說過：「一流的讀書人才讀書，不會在自己有共鳴的地方劃線。」換言之，一流的人才，會刻意去挑戰自己的非舒適區。

看到作者的想法跟自己一樣，人就會產生共鳴，等於是作者在幫自己的想法背書、幫自己的想法按了一個讚，這就是待在同溫層，躲在自己思考的舒適圈當中。

黑格爾的辯證學，正是擴大個人舒適圈的最好方法。要不斷地提醒自己「一樣米養百樣人」，假設自己的想法是「正」，跟自己截然不同的論點就是「反」，每次看書時要故意將焦點放在跟自己想法有明顯差異的地方（反），這樣才不會讓自己一直待在同溫層中，以為全世界的人都跟自己的想法一樣，而遲遲無法突破自己思考的框架與侷限。

想要讓自己的想法更加多元、更有創意，也就是擴增思考廣度，絕對不能只待在同溫層中互相取暖，要故意去找冷水來潑自己。也就是說，抱持著「我要打開視野」的閱讀目的去翻開一本書時，書中跟我們既有想法「相同」的論述，對我們來說就是「不重要」的內容。

土井英司之所以針對商業書籍提出這樣的閱讀建議，我猜想是因為商業上失敗的方法成千上百種，成功的方法也是成千上百種，所以要刻意去找自己所不知道的觀點。

我個人認為所有的書籍都可以設定「打開視野」的閱讀目的去讀。畢竟，人只是滄海中的一粟，要謙卑地面對眼前的一切，要提醒自己：「肯定有百分之九十九點九九九的訊息，是我還沒有發現的。」

(5) 消磨時光

玲玲用很不認同的表情誇張地說：「看書還要先確定閱讀目的？平時工作已經很常動腦了，回家看個書休閒一下，幹嘛還讓自己更燒腦呢？」

讓我把這段話的內心劇本翻譯一下，真正要表達的意思其實是——看書只是為了消遣時光的一種休閒活動，或是轉換工作心情的娛樂活動——而這也是一種閱讀目的啊！如果是為了娛樂、打發時間而閱讀，其實用什麼方法都可以，不需要刻意使用什麼閱讀法，因為這並不牽涉到提升理解力的必要性。

立定消磨時間的閱讀目的後，心中對眼前的書本說：「秀來看看，你將要給我什麼樣的娛樂？」一樣可以將閱讀過程化為主動，讓大腦的潛意識去幫你更精準地抓住重點。

但是，如果是為了消磨時光而閱讀，就不需要進一步花時間去寫筆記了。

進行自我肯定

確定閱讀目的之後，大腦就等於對潛意識下了一道指令，讓潛意識自由發揮時像做同步衛星定位一樣，能從制高點以最短的距離往下到達目標，所以**影像閱讀法也有人稱之為「潛意識閱讀」**。

「表意識」是我知道我在做什麼（doing）、我能理解我在做什麼，自己能夠控制的成分居多。「潛意識」是我不知道我在做什麼，自己不能控制的成分居多。做夢是潛意識所表現出來的具體行為：我知道我的作夢內容，但我不知道為什麼會夢到這些內容；或者我沒有辦法運用意識去控制夢的劇情該怎麼走、何時要結束夢境。

潛意識就像用地球上方的同步衛星俯看大地一樣，地球上所有的訊息都逃不過衛星的眼睛，但在地球上的我們，卻看不到衛星。總之，**潛意識控制著表意識，表意識卻控制不了潛意識**。

我們一般人都是一邊看書，一邊思考：

「這段話的重點在哪裡？」

「這段話是不是重點？」

「這段話的意思是我理解的這樣嗎？」

以上種種內在聲音，都是大腦的表意識在 murmur 碎念，是表意識在主導整段閱讀經驗。潛意識的力量則遠遠大過於表意識，所以，為何不讓潛意識來幫我們抓重點呢？

我知道，現在的你心中肯定是充滿疑惑，似懂非懂。當年剛踏入影像閱讀法的我也是一樣，總覺得影像閱讀法講的道理好像是天方夜譚，或是魔術表演如幻似真。這些道理好像是真的存在，又覺得不夠真實。現在的你，其實就是正在落入表意識的文字障中。

再強調一次，「潛意識」是我不知道我在做什麼（doing），所以閱讀過程中，我不知道我看到什麼、感受到什麼、理解到什麼，這些狀態都是正常的。

你一定想要立刻用高分貝音量困惑地問：「我不知道我看到什麼，理解到什麼，那最後我不是什麼都不知道？什麼都不理解嗎？」

影像閱讀法告訴我：**「不要看，你就會看得到！」**

等等，別急！別急！先別急著罵我是個瘋子喔！當年剛接觸影像閱讀法的我，也是覺得：「我遇到了瘋子嗎？眼前的老師到底是在講神話還是鬼話啊？」

我知道你會害怕這種狀態，因為我也怕過。人對於過去沒有經歷過的事情都會感到害怕，這是與生俱來的本能，是為了讓我們避開危險的正常反應。但是，不要被害怕的感覺模糊了焦點，忘記現階段真正該做的事情。

身為初學者的你，面對害怕的心思時，要有一種「放棄抵抗」或是「豁出去了」的心理狀態，告訴自己：「作者使用影像閱讀法這麼多年來都沒瘋掉，表示我也不可能會瘋掉的。」

如果你到現在還覺得我是瘋子，沒關係，再給自己一次嘗試的機會，看看《商業周刊》創辦人金惟純的經驗。

金惟純曾在《商業週刊》第一一九三期中描述到不丹看射箭比賽的過程。觀禮台距離弓箭手很遠，金惟純自己學過射箭，所以一直睜大雙眼，想看清楚弓箭手的每一個動作。所有人一直盯著弓箭手，只看到射手舉起弓又放下弓，觀眾就響起歡呼聲，金惟純卻始終沒看到箭是怎麼射出的。

「最後只好不再看射手，兩眼呆呆的放空，心裡什麼也不想……，然後奇蹟居然發生了：箭鏃猶如流星劃破暗夜長空般，一支支從我眼前飛過。」讀到金惟純寫出這段見證奇蹟的狂喜，我也跟著狂喜起來，**因為這就是影像閱讀法——不要看，你就會看得到！**

除了睡覺以外，我們的所有行動，都是大腦的表意識與潛意識一起作用的結果。過去數十年的學習理論都會引用羅傑・史貝利博士的研究，他將大腦的功能很粗略地分成：左腦負責文字、語言等邏輯性，也就是理性的功能；右腦負責圖像、聲音、感受、運動等非邏輯性，也就是感性功能。❷

表意識習慣去解讀眼耳鼻舌身所接收到的任何訊息，表意識是邏輯的，所以表意識認為凡事都有其原因或是道理存在，不存在著「沒有道理」。平時都是表意識在主導，若非靠表意識主導，我們的人生應該是毫無邏輯性的一團亂。

但表意識也常錯誤地解讀自己的生理感受。[3] 若在閱讀時發覺自己的閱讀節奏停停頓頓、反覆閱讀、無法完整說出剛剛讀到了什麼，我的大腦立刻就會直接認定自己並不擅長閱讀。是我的大腦自己決定要這樣子解讀自己的生理感受，但是並不代表大腦認為「我的閱讀能力不好」這項解讀，就是正確而真實的。這個部份在本章第116頁和第147頁，會有更進一步的說明。

而潛意識則是大腦的另一面，跟表意識完全相反。潛意識是非邏輯的，所以潛意識可以接受我們講不出什麼道理的情況。

從上述說法來看，最好是用表意識能接受的方式，也就是「語言」來說服表意識，讓他乖乖放心，什麼行為都不要做，只要把意識集中在某個點，然後放鬆身心即可，一切就交給力量更加強大的潛意識來處理。

但是在此之前，我們需要先練習如何說服表意識！

一般認為是生理感受影響生理行為，例如：因為我很緊張，所以手會發抖。不過，心理感受也會被我們的生理行為所影響，因此假造生理行為，就可以回過頭來改變心理感受，這是一種「弄假成真」。一旦改變了生理感受，我們就能重新解讀自己的情緒。[4]

我也遇過真的騙不過自己表意識的情況，既無法讓表意識當機，也無法讓表意識不去干擾潛意識，此時我就會運用自己命名的「放棄抵抗法」或是「豁出去法」，告訴自己：「管他的，反正看就對了！管他看到什麼、管他有沒有看到，看就對了！」接著再次進行影像閱讀。經過活化之後，書籍的內容反而全都能夠清晰理解了。

練習讓我們的大腦歸零，回到童年時期聚在一起玩「老鷹抓小雞」那種身心很放鬆的狀態。不執著於遊戲過程，只要專注於不要被老鷹抓到就好，愛怎麼跳就怎麼跳、愛跑多遠就跑多遠，**那種專注一個目標且精神放鬆的狀態，就是我們所需要的閱讀狀態。**

影像閱讀法＝潛意識閱讀

表意識

有邏輯的

- 我知道我在做什麼
- 解讀眼耳鼻舌身所接收到的任何訊息

潛意識

非邏輯的

- 我不知道我在做什麼
- 接受講不出什麼道理的情況

專注力集中法

閱讀是很個人化的行為，不需要拿自己跟朋友比較，只要「未來我」比「現在我」更好，那就夠了！

想要閱讀速率變快，一定要先放鬆，然後專注力集中。一開始的放鬆，能讓腦中的杏仁核（負責處理情緒的部位）不妨礙大腦皮層（負責處理思考的部位）進行運作，使思考力不會降低。換言之，越是緊張，思考力就越降低。

雖說專注力好的人，理解力並不一定好。但是如果沒有專注力，是無法進行閱讀的。專注力不是天生的，大腦的所有能力都是動態變化、用進廢退，所以專注力要好好地認真鍛鍊才行。訓練專注力集中的方法很多，大體都脫離不了以下這幾種模式。

1. 橘子集中法

這是影像閱讀法的發表者保羅・席利在一九八〇年代所提出，他在《Brain/mind Bulletin》

雜誌中看到閱讀專家隆・戴維斯描述：有一種閱讀障礙者會看到鏡像文字，文字像反映在鏡子中一樣左右顛倒，所以變得很難辨認，導致閱讀速度緩慢，而被視為閱讀障礙。

這篇文章中寫著兩項事實：①閱讀障礙者，很難將注意力固定於某一點。②擅長閱讀者，會將注意力固定於後腦的某一點上。

保羅・席利又去看了隆・戴維斯的著作《閱讀障礙的才能》並參加課程，發現只要將專注力固定在理想的位置上，專注力就會提高，閱讀也變輕鬆了。

讓我們來試試看！

閱讀前，請閉上眼睛，想像後腦勺上方固定飄浮著一顆橘子。

你不一定非得想像著一顆橘子，也可以換成小鳥或氣球，關鍵並不是在於物品是什麼，而是要將注意力放在後腦勺上方的某個定點。建議女生們可以想像綁著高馬尾的那個位置，

保羅・席利則另外提供一個方法：想像你正從自己的頭頂上看著自己低下頭的後腦勺。

閉眼想像時，要去覺察自己心情與感覺的變化，等待心思沉澱下來。

沉澱之後張開雙眼，你會覺得眼前的視野好像拓展開來了。在這樣的情況下，能吸收的訊息會比以前更多。

接著就將少部分的注意力固定在橘子上，大多數的注意力放在書本上，開始閱讀吧！開始閱讀後，你知道橘子在那裡，但請你無視橘子，閱讀中不需要一直頻頻去確認橘子還在不在。

橘子集中法

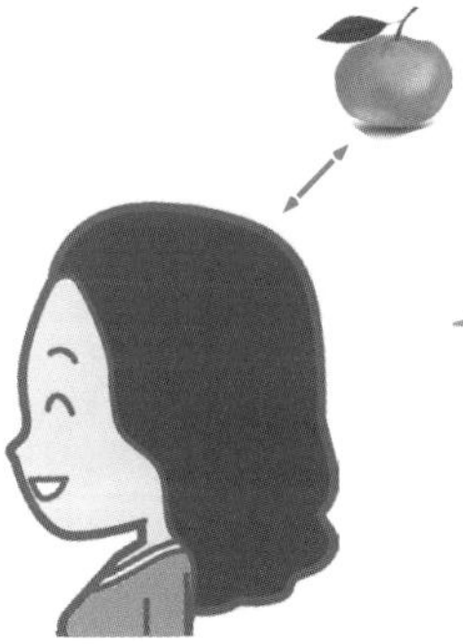

❶ 閱讀前，請閉上眼睛，想像後腦勺上方固定飄浮著一顆橘子。

❷ 閉眼想像時，要去覺察自己的心情與感覺的變化，等待心思沉澱下來。

❸ 沉澱之後張開雙眼，你會覺得眼前的視野好像拓展開來了。在這樣的情況下，能吸收的訊息會比以前更多。

2. 數字集中法

有次聽黃越綏老師演講，她提到很多父母不斷下指令給小孩：「快起床！快去刷牙洗臉！快去吃早餐！快換衣服！快去洗澡！快寫功課！快去睡覺！人生的一切都被要求快！快！快！就只有死亡不用快而已。」真的是諷刺到讓人覺得既好笑又可笑的寫實生活場景。

一切都要快！快！快！快到大腦一直很活潑，思緒來來去去，安定不下來。大腦要先能「注意」，才能「專注」。我們可以透過很簡單的指令來檢驗大腦正在注意什麼、規定大腦只注意什麼，進而訓練大腦能夠長時間專注。這種佛教所說的「活在當下」方式，後來被西方心理學家稱為「正念」，注意力集中的練習則是正念思考中很重要的一環。

請像剛剛一樣閉上眼睛，深深吐出一口氣，用一秒一拍的速度數著1、2、3、4、5……99、100，然後張開眼，你會感覺到心情穩定不少，眼前為之一亮，視線也變得更清晰了。

萬一剛開始練習時，還沒數到100就思緒不經意地跑到別的地方去，那麼今天就換個方法來集中注意力，從你比較上手的方法開始。

數字集中法

- 一閉上眼睛，深深吐出一口氣
- 一用一秒一拍的方式數著 1、2、3、4、5……99、100

- 閉上眼，一邊數一邊控制自己緩慢地呼吸
- 當呼吸狀態穩定時，再多呼吸個一兩次，就可以張開眼睛了

數息集中法

3. 數息集中法

心情焦躁的時候，呼吸就會變得又淺又快，因此默數自己的呼吸，是很多宗教或靈修活動會教導的收斂意念方式。閉上眼，一邊數一邊控制自己緩慢地呼吸，當呼吸狀態穩定時，再多呼吸個一兩次，就可以張開眼睛了。

4. 靜坐集中法

高難度的專注法來囉（純粹是根據個人的教學經驗判斷）！雖然我還沒遇到這樣的學生，但是說不定有初學者覺得，這其實是最簡單的專注力集中法。

請先坐著閉上眼睛，然後將意念專注在身體的某個位置。很多宗教或靈修團體都會要你專注在肚臍附近的丹田或臍輪上，我倒是覺得要專注在哪裡都可以，因為每個人容易專注的位置不太一樣，有些人是頭頂，有些人是肚臍或眉心等處。

這種靜坐跟冥想不一樣，意念必須專注於身體，但腦中什麼都不能想，也不要去數算呼吸！

初學時，這個階段會開始出現更多來來去去的思緒，越是不要想、卻想得越多。一旦察覺自己開始胡思亂想時，就放掉那個念頭，重新將意念專注在身體的某個點上。就算只能專注一分鐘也沒關係，再立刻切換成別的集中法。
靜坐集中法得日積月累地慢慢練，才能練成專注五分鐘以上。根據我的觀察，只要能閉眼靜坐什麼都不想地專注五分鐘，閱讀時就至少能維持百分之百的專注三十分鐘以上。

二 預習

以下兩則故事，問題背後的原因其實是一樣的。
每隔一段時間，就有人會私下向我提出和凱文類似的問題：「我以前聽過很多不同單位辦的圖像記憶課程，但覺得大家講的都一樣，我聽完之後還是不會用。」經過仔細地追問，我發現這些人上的通常是兩、三個小時的試聽課程，但是這種包裝為「課程」的銷售性演講，扣掉銷售時間，通常真正摸到教學主題邊邊角角的時間不會超過五十分鐘。講白一點，我再怎麼濃縮完整且系統性的內容，都還是需要講十二小時；你只聽了五十分鐘的試聽課程，就來疑惑聽完學習效果不好，是希望聽到什麼回答呢？

蘇菲聽我分享完一本書後，很疑惑地說：「我以前也聽過別人分享，但是都不會吸引我想去看這本書，為什麼你今天講的內容比較吸引我，讓我比較想去找這本書來看呢？」這並不是炫耀文，我常說：「人類都是只聽我想聽的、只記住我想記住的。」會吸引你的內容，通常是內心深處或潛意識中早已認同的內容，所以並不是別人講的內容吸引不了你，而是你本來就決定不要被那樣的內容所吸引。

凱文跟蘇菲都犯了一個相同的毛病：**以偏概全。其實這也是很多閱讀者評估自己閱讀能力時的共通毛病。**我們在閱讀 A 領域時，如果對於自己的吸收成果感到滿意，就會覺得自己的理解力不錯；但如果對於吸收成果不滿意，就會反過來覺得自己的理解力不好。假設丹尼斯擅長野外求生，對動植物與天文地理等科學知識相當熟捻，是為了要強化自己野外求生的能力，閱讀的目的在於求生存。既然丹尼斯已經是擅長野外求生的人，對於這個類別的書籍，閱讀理解力肯定是不錯的，但是他對於其他領域書籍的閱讀能力，就有可能會比較低。

你一定會說：「當然啦，熟能生巧嘛！常常看的類別理解力一定會比較高！」Bingo! 你說對了！但很多人就老是會忘了這一項結論，以為自己對 A 領域的閱讀理解力不好，就代表自己的理解力不好。其實我們應該這麼告訴自己：「我對 A 領域的閱讀理解力還不夠好，還需要多多加強練習！」用有建設性的話語和自己對話，才能產生向前進的動力。

影響大腦理解一篇文章的因素很多，這得慢慢地探討，你得沉下心來仔細閱讀本書的逐一分析，好找出影響你個人閱讀能力的原因究竟有哪些。

不同主題的閱讀目的

每次我在課程中問：「在學校上國文課的目的是什麼？」幾乎每次都人人語塞，沒有人答得出來。我個人比較喜歡用淺白的文字來說明「學習」這件事情，因此都會「大白話」地告訴大家：「其實國文課旨在學習兩件事情：『說什麼』、『怎麼說』。**『說什麼』，是指我們要能看懂作者文章所要表達的意涵，學習如何正確的『輸入』。『怎麼說』，是指我們說的話、寫的文章要讓別人能看懂，學習如何正確的『輸出』**。除此之外，還要學習如何把話說得漂亮、文章寫得有美感。」

在電腦資料處理的領域中，有句話是這樣說的：「輸入垃圾，就會輸出垃圾。（Garbage in, garbage out.）」所以國文課的重點在於學習看出眼前文章的優點，以及學習該優點。

如果某位國文老師很重視寫作，那麼肯定會要求學生以寫作目的來閱讀文章，會教導學生去分析文章的寫作技巧與用字遣詞精美之處。而一位指導辯論的老師，肯定也會要求學生要能讀出作者的立論基礎和邏輯推演的脈絡。

別忘了，語文是用來溝通的，不管是國文或英文，都是溝通的工具而已。語言會隨當代環境變化而產生意義變化，加上人有百百款，更是增加了溝通的複雜度與困難度，這就是我們從小學到大一，一共上了十三年必修國文課的原因之一。

總括來說，我將閱讀目的分成四個層級，請見下圖。其中第一層級跟第二層級是屬於基礎閱讀，大概是國中三年級學生必須具備的閱讀能力。

以下概括說明各種主題文章的普遍性閱讀目的，細節說明請見本書第四章到第六章。

1. 文學類

向文學類作品學習的重心，應該放在「怎麼說」，要慢慢欣賞作者用字遣詞的精妙與優美，就是要慢慢讀，才能

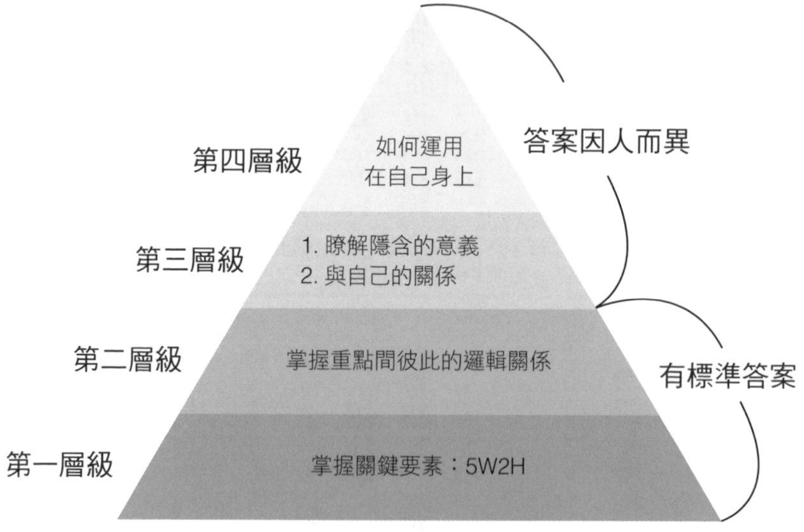

閱讀目的四個層級

讀出文字美感。語文課本中的範例文章多數是文學作品，**並不適合進行影像式閱讀**。

2. 社會科學類、自然科學類

影像閱讀法非常適合運用在這兩類書籍上。一旦學會影像閱讀法，不使用在它們身上就太浪費閱讀時間了，會對不起自己喔！

這類書籍有一些作者的文學造詣相當好，但是千萬別因此而模糊焦點、忘了自己的閱讀目的。記住，請不要以文學類的視角，來閱讀社會科學類跟自然科學類的資料。

社會科學類跟自然科學類的書籍，還可以再細分成兩類：理論性、應用性。也可用另一種角度來區別：「黑白分明的」與具有「灰色地帶的」。別以為都有「科學」這兩個字，就以為社會科學跟自然科學是屬於同一種閱讀角度，其實兩者的著重點不盡相同，在本書第四章與第五章會進行更細緻的說明。

這兩類文章的作者，一定是針對某個現象存有疑問（作者的ＷＨＹ），然後寫出自己的思考脈絡與驗證方法（作者的ＨＯＷ），最後得到結論。但有時作者寫出的結論並非最後的結果。可能是作者的研究到目前為止只到達里程碑而不是終點，或是作者告訴我們的原本假設並不成立，真正的結果還有待未來更多研究去探尋。

對於一個只想知道標準答案的人來說，這種書籍肯定會被他摒棄，因為他「無法得到一個結果」。「沒有結果」對他來說，代表腦中的困惑依舊存在，困惑所帶來負面情緒也依舊存在。

對我來說，這兩類書籍的結論（不管作者是否給出肯定性的結論）固然重要，但是**作者的思緒脈絡其實更加重要**。

大學時曾經上過一堂關於企業行銷的課程，畢業後進入企業工作，我發現課堂中所學的理論在該公司幾乎沒有機會運用，回憶當年長達十六週的課程，唯一能直接在職場中派上用場的，只有一個公式。但是，**老師在講述課程時所展現出來的思考脈絡，教會了我如何去思考，這種思考的能力，對我來說才是真正的寶藏**。

理解作者的思考步驟與脈絡，我認為是閱讀這類文章時，會帶給自己思考進步的部分。**學習去看別人是如何思考的，而不是只知道作者講了什麼理論、知識**，千萬別把自己當成是影印機，只會複製書中的看法與結論。

找出關鍵字

我最喜歡跟學員舉的例子，是中小學教科書與參考書的不同之處。同樣的內容，教科書會這麼描述：「首先……接著……然後……再來……最後……。」中小學生看完後會認為從頭到尾只有一個重點或是一個步驟（別笑他們，就是因為不會，所以才需要學校教育來教啊！）但是參考書或自修則會將一樣的內容調整寫法：「第一……第二……第三……第四……第五……。」中小學生就能立刻看出其中有五個重點或五個步驟。

當然，正因為參考書或自修，甚至補習班也會通通幫我們轉化好，有些中小學生會覺得這類的書籍比較好閱讀，因為重點都已經寫得很直白了，因此不再看課本，只看這類參考書籍。但是從教育的本質來看，這類書籍不也是剝奪了中學小生自行練習抓重點的機會嗎？

我個人認為，**閱讀是讓自己練習去適應其他各種不同表達方式的機會**。二〇一一年創立「眼腦直映讀書會」時，我的出發點是：「每個人都是一本書，每部電影也都是一本故事書，而每本書都是一個人的生命軌跡。」閱讀是一種了解周遭事物的行為，每個人生中的問題都可以在書中找到答案，就看你懂不懂得深入閱讀。

閱讀力就像是包心粉圓，其實是具有「雙核心」的。第一個核心是**「如何找出關鍵字」**，第二個核心是**「掌握關鍵字之間的邏輯關係」**。第一個核心做得好，第二個核心不一定能做得好。但是如果第一個核心做不好，無法抓取關鍵字，第二個核心想必也無法做得太好囉！所以，**如何找出關鍵字，是核心中的核心。**

廣泛性來說，我會將閱讀素材大體劃分成以下三類，好提醒我的潛意識該用哪些思考角度下手抓重點。

1. 故事性文章

通常會描述人、事、時、地、物、因、果、成本等概念，因此我們就從這些角度下手去抓取重點、找出關鍵字，即可達到第109頁圖片所提到的「1.基礎閱讀」層次。

2. 論點性文章

特別小心留意這類閱讀素材中所提出的專有名詞與定義，因為作者的定義不見得跟一般印象中的定義相符。另外，**作者的起心動念，也就是此論點因與果之間的關連性**，以及**作者的思考脈絡，也就是此論點的完整架構**，也常是我會留意之處，畢竟學習專家如何思考是很重要的。

3. 說故事行銷性文章

這類閱讀素材是運用故事作為糖衣包裝，將生硬的部分包覆起來，讓讀者比較容易吞下去。生硬的部分可分成兩種，第一種是作者個人生活經驗的觀察，不具備科學性，算是帶有說明文性質的論說文。第二種是科學性內容的論說文，同樣也算是帶有說明文性質的論說文，但論說的比重更高。如果是第二種，在抓重點找關鍵字時要以論點為主、故事為輔，千萬別本末倒置，只記得看故事卻忘了去思考作者的論點。這類素材我們在第六章第242頁起談雜誌和網頁的閱讀時，還會有更為深入的討論。

閱讀心態的陷阱

十五歲的艾爾莎用極度不屑的表情說：「我覺得作者寫的這些部分根本是不重要的，這一大段的內容考試根本不會考，這篇文章毫無重點可言。」

派翠克五十歲退休後仍不斷進修考證照，希望自己能開創人生不同的面向。他拿著一本書嚴肅地說：「你不覺得這篇文章講得很爛嗎？作者只是分析出各種原因的研究過程，有些原因是很明顯的並不是原因，另外的一些原因也沒有說到底是不是真正的原因，只說還要再進一步研究。」

三十二歲的悠悠很困惑地問：「我本來期望這本書可以告訴我應該怎麼做，沒想到作者不斷地提出各種問題，每個問題的解答好像又會被另一個問題推翻，一個又一個的理論不斷出現，似乎這個理論也對，那個理論也對，到底應該怎麼做才對？看完書之後，我沒有看到作者給結論或建議，到底這本書想要告訴我們什麼？」

四十歲的愛生用不滿的口氣說：「你不覺得這篇文章講的都是廢話嗎？先告訴我們經營失敗的原因有哪些，又告訴我們經營成功的原因有哪些，可是把失敗的原因轉個一百八十度，不就是成功的原因嗎？」

艾爾莎、派翠克、悠悠和愛生各自都落入了閱讀心態的陷阱。閱讀之路上有許多看似合理的陷阱，例如：為了考試、一定要有結論、一定要有對錯、黑的相反就是白的……。心裡懷抱這種閱讀目的並沒有錯，**錯的是面對不同的文章類型，卻抱持著同一種閱讀目的。**

網路媒體與自媒體，排山倒海地在手機上爭相奪取大家的眼光，每天一連上網路，就會收到親朋好友或是APP推薦的各種文章、影音，這些各媒體精心設計、希望廣泛得到群眾喜愛的影片或文章，特色在於讓人觀看之後，不用太辛苦地思考就能很快得到結論，使我們誤以為這是我們自己思考後的結論。但是這種讓我們把知道（know）當成理解（understand）的影片，比較容易在網路上被分享，因此**手機上氾濫的資訊其實正在阻礙我們理解力的發展。**

當然，**面對不同的寫作模式，我們也不能都用同一種閱讀方式去捕捉作者的想法。**這部分的細節，留待本章第109頁談到「文章的閱讀」時，再來進一步分析討論。

三

影像閱讀

如果你從來沒接觸過任何提升閱讀速度的方法，而你又非常心急，沒有閱讀前面章節就直接跳到此章的話，請你回頭吧！因為你正在沙地上蓋大樓。

書籍的閱讀

艾爾莎面臨工作壓力，時常覺得這裡酸那裡痛的，全身健檢也檢查不出什麼毛病。中醫師問診半小時後，除了開立水藥之外，還寫了一大張的養生法則，要她回去注意這些生活習慣。三個月後，艾爾莎覺得所有的不舒服都不見了。請問養生專家是艾爾莎自己？還是中醫師？

讓我們將中醫師換成老師，艾爾莎換成學生。老師透過講解、指導、引導告訴學生怎麼面對眼前的課文，三個月後學生考了高分。請問該領域的專家是學生？還是老師？

從結果來看，艾爾莎跟學生都獲得不錯的成果，但多數人並不會說他們兩人是專家。為什麼他們兩人付出努力，也做出好結果，卻不被視為專家呢？差別在於醫生跟老師是主動學習，艾爾莎跟學生是被動學習。醫生跟老師的專業知識也是向別人學習而來，但他們一直在進行主動學習，所以能晉級成為專家。**所以想成為閱讀領域的高手，必須要主動閱讀！**

學海無涯、知識浩瀚，一本書就是我們的無聲老師，現在就讓我們開始運用影像閱讀，學習「如何主動向書請益」。

1. 啟動高速的心理模式

以你目前的年齡減去七歲，就顯示出你過去用了多少年在低速度的閱讀方法上。

要想一時半刻、一天兩天就完全去除過去數十年所建立的各種不良閱讀習慣，這種奇蹟是不太可能發生的。以下的練習過程中，初學者如果有任何地方做不好，其實都是應該的。

要改變任何習慣，初期肯定是充滿刻意練習，一定要不斷提醒自己：「**學好影像閱讀的唯一方法就是持續做下去，即使進步緩慢，有練習就有效果，最終我一定能做到！**」

來吧！首先運用第75頁起說過的「專注力集中法」，讓你先進入身體與精神都很放鬆的狀態。接著進行自我暗示，告訴自己：

「在影像閱讀中，我的注意力會很集中。」
「用影像閱讀所得到的訊息，會永遠保存在潛意識中，提供對我有幫助的訊息。」
「我要從眼前的這本（說出書名）中，獲得符合我需要的（說出目的）資訊。」

放下自己的心魔吧！多數人面對自己居然用過去沒想過的高速狀態在閱讀時，就開始感到害怕，害怕自己會不會看得太快了，然後立刻降低閱讀速度。所以這裡的自我暗示，是用來提醒潛意識要在哪裡發揮作用，同時也修正自卑、消極的想法，進而提高成功閱讀的機率。

2. 調整眼睛焦距

「見」的英文是 see（看到）、catch sight of（看見）、view（看）。假設眼前有一幅畫，我說：「這幅畫中有青山、綠水、灰色小橋、駝背的紅衣老人、一大片的深綠色森林。」這是「見」。

「觀」的英文是 watch（注視）、observe（察看）、look（注視）。假設我說：「這是一幅山水畫。」這是「觀」。

「觀」就是「攝像焦點」，不帶有個人意識在內、單純地看著。因為「意識」是海關，會一個個開箱檢查行李，當然會因此降低資料輸入大腦的速度。

「意識」（或稱「表意識」）也會讓我們的視野窄化。有時急著要找某個東西，東翻西找就是沒看見那個東西就在眼前。相信你周遭一定有人曾經戴著眼鏡在找眼鏡，或是一心一意認為東西在客廳，但是翻遍了所有抽屜與櫃子都找不到，正要放棄尋找的時候，卻發現東西就在電視櫃上。

過去閱讀時，我們的視覺焦點會鎖定在一個個的文字上，而非整個畫面。會鎖定一個個文字的原因，是小學學習認字的階段，爸媽或老師都會要求我們「唸課文、唸故事書」，確保我們真的認得這個字、會唸這個字，因此無形中被暗示了：「要聚焦在一個字一個字上，要能把一個字一個字唸出來，才表示我們真的讀懂了」。

實際上我們的眼睛可以一次看一大群的文字，甚至是一次看一整頁，對成年的我們來說，不是我們做不到，而是因為我們不敢做。這個心魔對某些人來說，算是大魔王等級的。

當我們的視覺焦點鎖定在一個字上，依序唸下去，就會讓我們一直使用「表意識」去理解詞句的意思。「表意識」一直保持活躍狀態，「潛意識」就會被壓抑。因此，讓眼睛不去鎖定一個個的文字，就是釋放潛意識的重要關鍵。從現在開始，要練習一次看一大群的文字。

先來感受一下什麼是眼睛放鬆的狀態。

坐在椅子上，把背挺直，攤開的書本用手拿著，傾斜地立在桌面上，眼睛視線與紙面呈現直角，眼睛距離書本約二十到三十公分，如果需要的話請戴上近視眼鏡或老花眼睛。

首先進行專注力集中法，將兩頁頁面的周邊空白處映入眼簾，而不要去看文字。將視線落點在兩頁的中間空白處，只是落在那裏，但不是死盯著兩頁中間的空白處，而是要將意念放在兩頁周邊空白處。突然，你就能看到在兩頁紙張好像變得立體了，兩頁之間的空白處出現了一個長條凸起。

影像閱讀法的研發者保羅．席利將這種眼睛放鬆的狀態稱之為「軟眼」，軟眼會讓影像變得立體，稱之為「**攝像焦點**」。一旦視覺用力聚焦在兩頁之間的空白處，長條凸起就消失，這個長條凸起處稱之為「懸頁」。

初學者一旦將視覺焦點放在懸頁處，懸頁就會立刻消失，這也沒有關係，畢竟要在一時半刻之間改變用眼習慣，並沒有那麼容易。放輕鬆，用遊戲的心情進行，眼睛先看看別的地方、休息一下，等一下再來玩。給眼睛充分的休息是必要的喔！

要改變幾十年的用眼習慣、進入攝像焦點的狀態，或許得要花點時間才能辦到，不要擔心、不要急躁，告訴自己保持眼睛放鬆，慢慢來就好。

另一個練習方式是「**視線分散法**」。攤開書本後，把視覺落點放在兩頁之間的裝訂線上，再將視線擴散到兩頁頁面四周的空白處，以及段落之間的空白處，扭曲焦點讓自己看不清楚所有的文字，再想像書本四個角落連結起來形成一個X字。讓眼睛繼續保持放鬆、視線

攝像焦點

❶ 眼睛距離書本約 20 ～ 30 公分

❷ 不要去看文字，將視線落點在兩頁的中間空白處

❸ 突然，你就能看到兩頁紙張好像變得立體了，兩頁之間空白處出現了一長條凸起

這就是「懸頁」

分散，將視線焦距越過書本、落在書後的遠方，這時也會看到懸頁。

如果經過多次練習後，還是一直都看不到懸頁，也沒關係，只要運用第100頁所提到的「翻頁時維持穩定狀態」技巧來抑制「表意識」就好。

懸頁是確定眼睛視線分散的信號，視線分散的目的則是為了不讓表意識發揮作用，當慢速的表意識受到抑制，高速的潛意識才能夠被釋放。

3. 把整頁當畫面攝入腦中

練習產生軟眼、能看到懸頁時，要保持「眼睛放鬆、頭腦放空」的狀態，但不是發呆喔！「眼睛放鬆」是指不對準任何一個字，讓視線分散。「頭腦放空」是指身體放輕鬆，但心思意念專注集中。

處於攝像焦點時的眼睛是很放鬆的，類似發呆時的眼睛，處於沒有聚焦的狀態，所以看不清楚文字是正常的，千萬不要產生害怕的心情——怕自己看不到任何字。

攝像焦點其實是一種擴大周邊視野寬度的方法，讓眼睛像照相機一樣將整個書頁畫面全部一次拍下、放入腦中，在表意識或左腦文字區域還來不及處理之前，潛意識或右腦圖像區域就已經先處理完畢，直接放入腦中記憶庫。因為是由潛意識在處理，當下我們無法清楚地

視線分散法

1

視覺落點放在兩頁之間
的空白處

2

再將視線擴散到兩頁
頁面的周邊空白處

3

將視線焦距越過書本，
落在書後的遠方

4

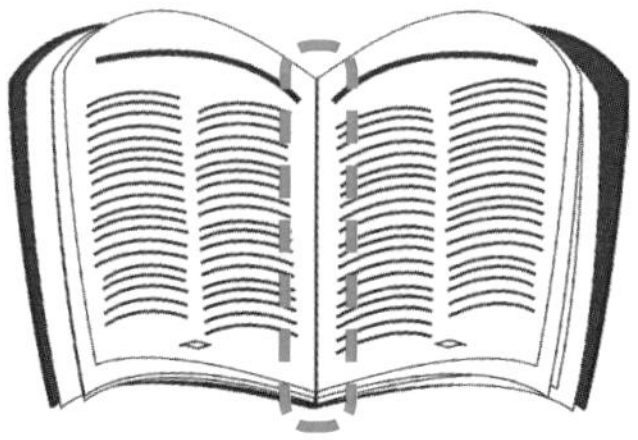

這時也會看到懸頁

知道自己究竟吸收了什麼內容。

因此攝像焦點可以抑制表意識，讓潛意識不受限地發揮最大作用。如前所述，懸頁是一種視線分散的訊號，我們也可以透過別的方法來達到視線分散。

剛開始焦距要放遠一點，才能看到懸頁。能看到懸頁之後，就慢慢拉近焦距，保持眼睛放鬆，若懸頁突然消失也沒關係，休息一下，用遊戲的心情練習。慢慢地，將焦距拉近到紙面上，你會發現文字變得清晰了，眼睛越放鬆、文字就越清晰。

4. 翻頁時維持穩定狀態

初學者不太容易讓整個閱讀過程一直維持在「攝像焦點」和「高速閱讀」（第132頁）這兩種狀態中，於是自我懷疑、恐懼、雜念、自我否定……的想法會不斷湧出，一直干擾專注力。

這時，深呼吸一下，回到第75頁的專注力集中法，再度讓自己放鬆、集中。

閱讀時，手的翻頁動作要保持穩定速度，用每頁一到兩秒的速度翻頁，不要刻意放慢。配合翻頁速度，心中再度告訴自己：

「在影像閱讀中，我的注意力會很集中。」

讓眼睛像照相機一樣，將整個書頁畫面全部一次拍下，放入腦中

「用影像閱讀所得到的訊息，會永遠保存在潛意識中，提供對我有幫助的訊息。」
「我要從眼前的這本（說出書名）中，獲得符合我需要的（說出目的）資訊。」

一邊翻頁，一邊觀。

只要專注地用軟眼看著眼前的書頁，單純地一邊翻頁、一邊觀。眼睛放鬆，頭腦放空，什麼都不想，單純地一邊翻頁、一邊觀。看書的時候，不去思考、不去理解，單純地一邊翻頁、一邊觀。

在表意識與潛意識之間建立通道，你越放鬆，越能敏銳地感受到流進意識中的訊息。以上過程都很簡單，但是都很重要，務必切實做到，不要輕忽了事。

5. 結束時的自我肯定

翻完書後，你一定會疑惑：「我到底看到了什麼？我不知道我剛剛看讀了什麼？我剛剛真的有看到東西嗎？」這其實是表意識在發問。

看過一本書，表意識卻說不出來到底是什麼內容，我們的表意識必定會認定自己什麼都沒有閱讀到、吸收到。這是事實，卻不是真相。

先前提過，潛意識是我不知道我在做什麼的狀態，影像閱讀則是直接將書中內容輸入潛

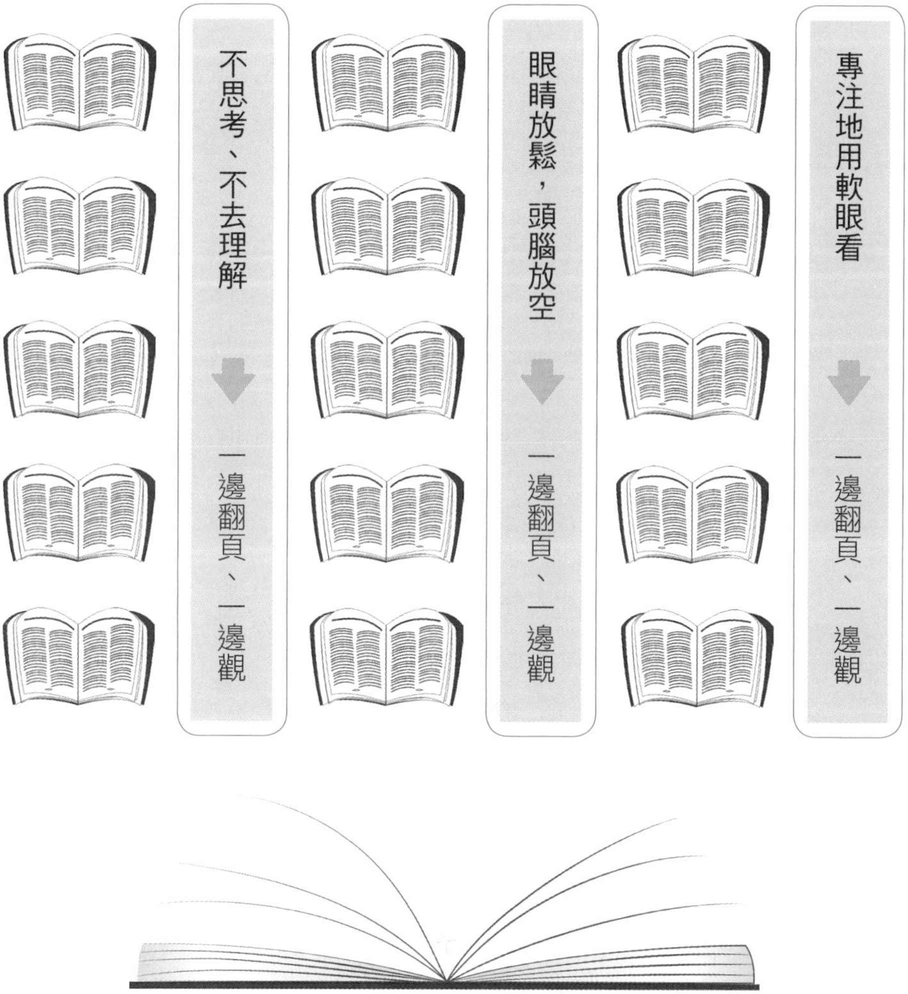
專注地用軟眼看
一邊翻頁、一邊觀
眼睛放鬆，頭腦放空
一邊翻頁、一邊觀
不思考、不去理解
一邊翻頁、一邊觀

手的翻頁動作保持穩定速度，每頁用一到兩秒的速度翻頁

意識的閱讀方法，因此這種情況**就像直接偷渡而不經過海關，表意識海關當然說不出剛剛到底讀到了什麼**。

所有的運動結束後，都要有收操的動作，剛剛我們很奮力地進行了大腦運動，也一樣要收操的。

翻完書之後，必須用明確的指令來結束影像閱讀，所以我們要再一次地進行自我暗示：「我剛剛已經將書中內容輸入腦中了，我的頭腦會吸收剛剛的內容，並加以整理。以後我能運用各種形式，真確地感受到自己已經在運用這些資訊了。」

史丹佛大學的卡蘿・杜維克（Carol Dweck）提出：定型心態者深信能力、智力都是固定不變，成長心態者則深信能力、智力是流動的，失敗了也不會認為自己很無能，一直嘗試新技能的可能性。**因此樂觀地相信自己、繼續練習，是學習影像閱讀法不可或缺的成長心態。**

閱讀後，睡場好覺是必要的。畢竟睡眠的其中一項重要功能，就是固化記憶力。

6. 對頭腦發問（mind probing）

一九四六年美國俄亥俄州州立大學心理學教授羅賓遜（F. P. Robinson），在他的著作《Effective Study》提出「SQ3R」：綜覽（Survey）、發問（Question）、閱讀（Read）、背誦（Recite）、複習（Review），是能有效精讀課文的學習方法。

影像閱讀的結束指令

我剛剛已經將書中內容輸入腦中了。
我的頭腦會吸收剛剛的內容，並加以整理。
以後我能用各種形式真確地感受到自己已經在運用這些資訊了。

現在我們雖然不是要進行精讀，但仍需要對頭腦發問，以自問自答的方式進行複習，並增強下一階段活化的效果，是刻意產生的活化。

自問自答的複習時間，依據文章類型來決定。以保羅・席利個人的經驗，如果瀏覽時間為一到兩分鐘，複習時間可長到十五分鐘，如果瀏覽時間為五到八分鐘，複習時間就五分鐘。

把書當成是我們請益的對象，主動對書提出問題。如果沒有提出問題，自然也無法得到答案，所以此時我們要對書發問四個基本問題，然後再從書中靠自己找出解答。

1. 整體來說，這本書的主題、主軸，主要探索何種領域？
2. 從大主題延伸出多少重要的小主題（子題）、小論點（次要論點）？表達的架構是？
3. 作者的邏輯論述，你覺得如何？全部贊同還是部分贊同？
4. 這本書跟我有何關聯性？這些資訊對我的重要性在哪裡？我需要再去搜尋其他相關資料嗎？我需要再更深入的研究嗎？（屬於下頁圖的第三個閱讀層級）

如果是知識性較為淺顯的文章，文章內容大約只有達到「基礎閱讀」的層次（等等第109頁會提到），我們只要掌握下頁圖第一層級跟第二層級的閱讀目的就夠了，可就文章的大小標題，或人、事、時、地、物、因、果、成本概念的角度，自行擬定問題。

讓心智保持在一會緊、一會鬆的情況下，是能讓大腦表意識跟潛意識發揮最大合作效果的情況。❺

影像閱讀完畢後所進行的自問自答階段，表意識會焦急地想知道剛剛究竟看到了什麼，而從「過去的」記憶庫裡抓取資料，並不是從剛剛跳過表意識海關、偷渡到潛意識內的那個資料庫。所以先不要急著立刻要求自己必須詳盡回答，甚至完全答不出來也沒有關係，**目的並不是要刻意回想書籍內容，而是去要求潛意識把真正的答案找出來。**

此時，先放鬆一下我們的心思，使注意力脫離剛剛的文章，休息個二十分

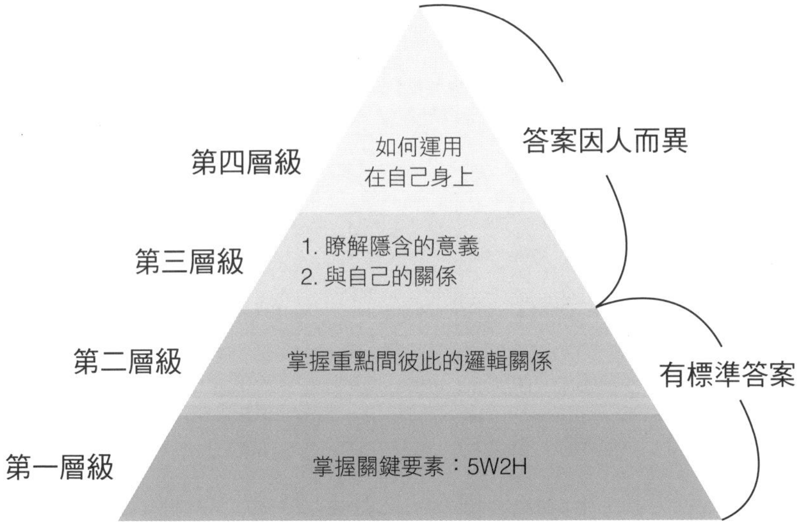

閱讀目的四個層級

鐘到二十四小時都沒有關係，讓潛意識有充分的時間去找尋答案。

第二次的自問自答，可以用讀書會的討論方式來進行，大家彼此互相詢問、討論，可以讓大腦的注意力變得主動，使潛意識搜尋資料庫的工作更加活躍，連結表意識與潛意識之間的橋梁更加強健穩固。

不管是第一次或是第二次對頭腦發問，保持身心放鬆都很重要喔！

我對多年前的讀書會上的一個問題印象深刻。當時大家一起進行了影像閱讀，歇息十分鐘後立刻開始討論，年約五十歲的邦妮是第二個發言的人，她的發言讓大家讚不絕口，這時年約三十歲的奇奇充滿懷疑地問：「你怎麼知道這本書的重點內容就是這些呢？」邦妮不假思索地回覆：「你就是會知道！」

因為是潛意識在閱讀，所以邦妮無法用表意識的語言來向奇奇說明潛意識做了哪些事。**但是經過多次練習，你對一本書的敏感度會增強不少**，不管是在書店中挑選一本書，或是聽到別人對你推薦一本書，都能很快判定這本書對你來說，內容適不適合協助你提升自己的知識或閱讀能力。

文章的閱讀

一九四〇年墨提默・艾德勒（Mortimer J Adler）提出了四種閱讀層次，每一個層次又包含著前面的層次，請見下圖。

大概在小學四年級左右，我們已經準備好要開始加強第一層次的「基礎閱讀」能力，表示我們有了一定的認字量，也懂得很多詞意、句子的意涵，已經脫離文盲狀態。「基礎閱讀」又稱為初級閱讀、基本閱讀、初步閱讀，是閱讀的地基，只要掌握

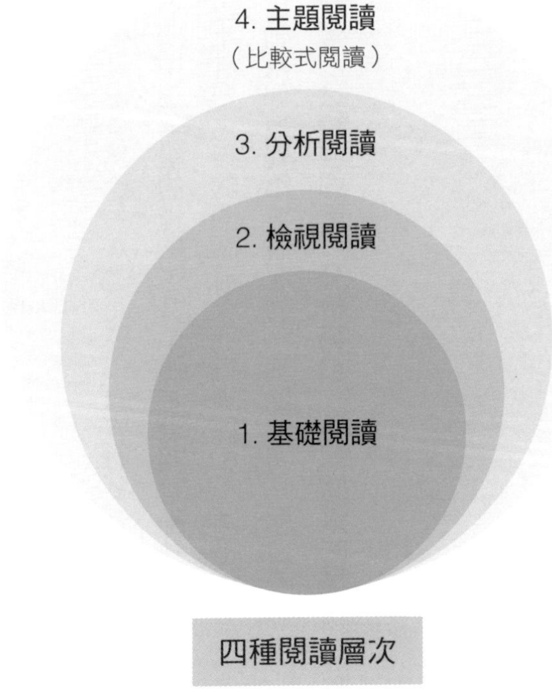

四種閱讀層次

「5WH」和「人事時地物因果」，就能掌握文章八成以上的內容。坊間的速讀法，大多數都將教學重心放在這個層次上。

大概在國中三年級左右，我們就應該要具備並熟捻「基礎閱讀」的能力，但現實情況是有些人年紀成長了，閱讀能力卻沒有超過國中三年級的程度，甚至連基礎閱讀都做不好，那麼他就**應該先回頭訓練基礎閱讀能力**，再來針對之後的閱讀層次進行訓練。千萬不可奢望直接進行第二層次的「檢視閱讀」，就能自動幫你補齊第一層次的「基礎閱讀」能力缺口。

而影像閱讀法則是要教你**超越基礎閱讀，往檢視閱讀、分析閱讀、主題閱讀的層次繼續邁進。**

步驟一　瀏覽——超閱讀、檢視閱讀

在完成第92頁起「書籍的閱讀」六個步驟之後，我們就能找一本書並從中挑出符合閱讀目的性的章節，開始進行「超閱讀」，也就是前述的第二個閱讀層次「檢視閱讀」，又稱為「系統化略讀」或「粗讀」。

這個步驟請務必要壓縮閱讀時間，規定自己在幾分鐘內一定要讀完。此階段不需要很仔細地了解文章內容，只要知道這三項重點即可：**文章的主題、文章的寫作結構、關鍵字落在哪些段落或區塊上。**

(1) 系統化略讀

有人將瀏覽（超閱讀）稱之為「系統化略讀（skim）」，目的是為了向潛意識輸入文章的主題及結構，以便告知潛意識在進行步驟二「找關鍵字（挑讀）」時，要往那個閱讀目的與方向做調整，並讓潛意識可以將注意力放在吻合文章的關鍵字上，能更精準地掌握此文章的關鍵字。

用至少一分鐘一千字以上的速率，快速大略地掃描文章一次，不要仔細地閱讀，只要知道此章節中最主要的主題或概念即可，**瀏覽一頁的時間不要超過三十秒**。這時內心一定會出現想要仔細閱讀每個字的念頭，但是千萬要忍住，千萬不要降低速度細讀每一個字。

千萬別偷懶或是心急貪快而想要略過本步驟、直接進入步驟二，否則潛意識無法發揮百分之百的能力去精準地抓取關鍵字。

(2) 粗讀

瀏覽時可能**遇到一些不太懂的句子或是段落，請千萬不要停下來思考**，也不要回到這一段的開頭，重複「唸」一遍，因此有人稱為「粗讀（pre-read）」。這一點很重要！如果一碰上稍微困難的地方就常常停下來思考，那麼你肯定會覺得這本書很難閱讀，再度讓自己陷入的負面的思考迴路中。

你一定有類似的經驗：略過不懂的地方後，繼續往下看，剛剛不懂的內容便自動清晰明白了。只要你常常有這樣的閱讀經驗，一定會進入正面的思考迴路中，對自己的閱讀能力更有信心，也更願意放大膽量進行影像閱讀。

(3) 速讀

我在前作《眼腦直映快讀法》中曾特別強調：一個速讀高手是懂得針對不同的閱讀目的、文章類型與個人理解程度，而**使用不同的閱讀速度，並非一昧地求快**。

根據８０／２０法則來判斷，８０％的書籍或文章內容都不值得你慢慢讀，而應該要速讀。該速讀卻慢讀，就是自己在浪費自己的時間。步驟一「瀏覽」就是一個需要運用速讀方法的時刻。

在瀏覽階段時，請千萬一定要用速讀的方式進行，把慢慢讀的精神與時間，放在真正需要精讀的章節或段落上。要先經過瀏覽，才能執行精讀。

瀏覽——超閱讀

系統化略讀

瀏覽完一頁的時間不要超過 30 秒。

粗讀

遇到不太懂的，不要停下來思考，繼續往下看。

速讀

瀏覽階段時，千萬一定要用速讀的方式。

(4) 純論說文、說故事行銷型書籍的瀏覽步驟

假設你還沒有掌握前面所述的「攝像焦點」，而某本書剛到手就立刻要閱讀了，也可以選擇直接瀏覽一整本書，只要知道這三項重點即可：**書的主題、書的寫作結構、關鍵字落在哪些章節或段落上。**

封面與封底

↓

作者介紹

↓

作者序、推薦序

↓

目錄
有時小說類的書籍目錄也會透露整個故事的架構

↓

依序瀏覽內文中所有的標題或黑體字

↓

最後一章的最後幾段
有時作者會重新整理自己覺得重要的觀點放在此處

(5) 在書店挑選書籍的瀏覽步驟

假設你還沒有掌握前面所述的「攝像焦點」，但是正在書店中挑選一本書的話，你更需要先瀏覽整本書。

封面與封底

↓

作者介紹

↓

作者序、推薦序

↓

目錄

↓

挑選一兩個吻合主題且最感興趣的章節

瀏覽時也可以唸一唸其中幾個段落，看看文章的流暢性，以及作者的表達力是低於、高於或是與自己的理解力相等

↓

決定要不要買回家

步驟二　找關鍵字——挑讀、分析閱讀

「表意識」依賴邏輯進行運作，而「潛意識」不用邏輯就能運作，所以潛意識發出的訊息，表意識既無法解讀、也說不出口。

這個階段只要順從直覺，不要聽信表意識的自我懷疑，繼續用擴大的視野（眼睛放鬆），讓視線保持移動的彈性，放輕鬆地聽從內心的聲音，一旦感覺到這裡好像有重點或可能有重點，就大膽地把那個關鍵字詞或關鍵句子圈起來。

如果文章是偏向理論主題，作者腦海中已經有了一個架構，會以大小標題來表達架構或是關鍵字的輕重。熟稔這種表達模式的讀者，一定會先直接閱讀所有的標題，再決定要不要繼續閱讀內文。

古代文章寫作的基本形式是「起承轉合」，而遣唐使將這項中國文化帶回日本，因此很多日本的文章也會依照這種方式撰寫。「合」是結論，所以有些人會直接略過前面的段落，只讀文章最後一段。如果是論說文，思緒的轉折之處——「轉」——就成了關鍵點，所以有些人只讀「轉」跟「合」這兩大段。

這些兩種方式都對，但僅限於受中國文化影響的作者所寫的論說文，或是寫作方式依循反面立論的文章。

網路時代開始後，世界的交流更加快速，即使是受中國文化影響的作者，也不一定會依

照上述方式撰寫，所以只看所有標題，或只看最後一、兩段的挑讀方法，現在不見得是管用的。這部分的細節，容後於第四章到第六章詳述。

「找關鍵字」這個步驟對絕大多數的初學者來說，有四個極大的心魔必須要克服。

(1) 第一個心魔：怕漏掉重點想放慢

初學者都很怕自己會不會漏掉了重點，而忍不住降低閱讀速度。

(2) 第二個心魔：沒信心想重看

很沒信心，高速狀態下看個幾行文字，腦中就一直出現想要回頭再看一次的念頭。

忍住！忍住！再忍住！

在這個階段，放棄緊抓著那緩慢的表意識吧！把你腦中的聲音（表意識的 murmur 碎碎唸）關閉，放輕鬆、放輕鬆，讓眼睛輕鬆地在紙張上移動就好，讓你的潛意識自由發揮吧！只要閱讀前確認過閱讀目的，潛意識就能發揮潛能，讓你看到重點在哪裡。

其實步驟二的「挑讀」概念，你早就在使用了。專賣大包裝的大賣場會常常更換貨品展示位置，不讓你老是走同樣的路線，直接買了東西就結帳離開，而是希望你多逛一下賣場，就有可能看中一些本來沒有想要買的商品。因此，這個場景你一定再熟悉不過——走進大賣場的大門，視線迅速且大略地從左邊掃到右邊，看到關鍵字之後，就立刻朝著右邊第二條走道走過去——是的，你正在「挑讀」。

走入右邊第二條走道後，你一樣大略地看一眼右邊的貨架，從上掃到下，確定這邊沒有你要的東西；接著往左邊的貨架看去，從上掃到下，還是沒有你要的東西——是的，你一樣在「挑讀」。

繼續往前走，你立刻看到十步之遙的右邊貨架上放著三盒你要的A牌商品，立刻直接走過去拿起兩盒，然後就繼續往前走，不再看兩邊貨架上的商品——是的，你還是在「挑讀」。

回到主要通道之後，你馬不停蹄地一直走，一邊走一邊往左邊快速掃描一下，確認這個走道的東西不是你需要的，視線就再繼續往前看，腳步再繼續往前走——是的，你依然在「挑讀」。

既然你知道計畫性購物時要有所取捨，不把眼光放在購物清單上沒有的東西，**影像閱讀法也是一樣——你不需要把眼光放在目標設定以外的段落或語句上面。**

(3) 第三個心魔：想邊讀邊背下來

有些人會想要一邊閱讀，一邊背下來。

但是一邊記憶，一邊閱讀，是會妨礙理解的。

相信大家都會說：「背下來，不等於是理解。」那麼，你為何會害怕剛剛沒把內容記住？為什麼以為沒記住內容就代表自己並不理解內容？這種心態其實是自相矛盾啊！

(4) 第四個心魔：重點怎麼這麼少？我一定漏掉很多！

放心！根據80／20法則，重點的文字量比你想像中的還要少，所以不用擔心自己抓出的文字量怎麼只有一點點。

四個心魔要克服
1
害怕漏掉重點，忍不住降低閱讀速度
2
很沒信心，看個幾行文字就想回頭再看一次
3
想要一邊閱讀、一邊背下來
4
重點怎麼這麼少？我一定漏掉很多！

閱讀專家或是已經達成影像閱讀的人一再強調，上面四種方式是不良的閱讀方法。初學者總是想要照顧好理解率，就不斷地讓自己又回到原本的不良閱讀習慣上。

影像閱讀就像四色印刷一樣，一層加一層地讓大腦理解文中意義，因此理解力是逐漸累積的。假設語言理解力可以兩三天速成，那我們就不需要從小學一年級到高中三年級，花了十二年的時間去學習語文，不是嗎？

養成影像閱讀法的習慣之後，你自動就會把這個習慣帶到生活中的各種活動中。例如閱讀 E-mail、閱讀 LINE 訊息、整理衣櫃、整理資料、查詢網路……都會變得很快速。

閱讀帶有論點性的內容，有時候看出作者的思考脈絡，比找到作者的結論更重要。❻在影像閱讀之後再進行挑讀，會幫助我們更容易看出、看懂、看通作者的思考步驟與脈絡。

切記，步驟一「超閱讀」和步驟二「挑讀」都不是要你一邊看一邊記住內容，而是要掌握作者的表達結構，找出自己所需要的重點，幫助大腦歸納，進而提高理解力與記憶力。**所有的影像閱讀者都表示：「記住內容是完成所有閱讀步驟後，就會自然產生的結果。」**

找關鍵字除了「挑讀」技巧以外，也可用 J．麥可．貝奈特博士所發明的跳讀（Skittering）方式進行。「跳」指的是眼球不規律的快速移動，視覺焦點不是放在整頁文字上，而是跳著僅看部分文字，視線在頁面上的移動可以是 Z 字型、螺旋狀、W 字型、C 字型或 X 字型……不規則的軌跡，目的在於找到跟標題有關係的關鍵字詞。

(1) 第一種跳讀：略讀法、點讀法

步驟一：瀏覽

瀏覽文章的標題、副標題、序

↓

步驟二：找關鍵字（第一種跳讀）

閱讀最前面一兩段

↓

閱讀中間的段落
僅讀前面幾句話，或是僅讀最後幾句話

↓

閱讀最後面一兩段

↓

除了剛剛讀過的最前面跟最後面一兩段
快速看過全文

↓

想一想

↓

步驟三：只看關鍵字（第三種跳讀）

步驟一：瀏覽
瀏覽文章的標題、副標題、序

↓

步驟二：找關鍵字（第二種跳讀）
閱讀文章的標題、副標題、序

↓

閱讀每一行的上方 1/3 之處
下方 2/3 的部分跳過不讀

↓

若感覺到該行下方有重點再閱讀
否則下方 2/3 的部分完全不讀

↓

想一想

↓

步驟三：只看關鍵字（第三種跳讀）

第一種跳讀

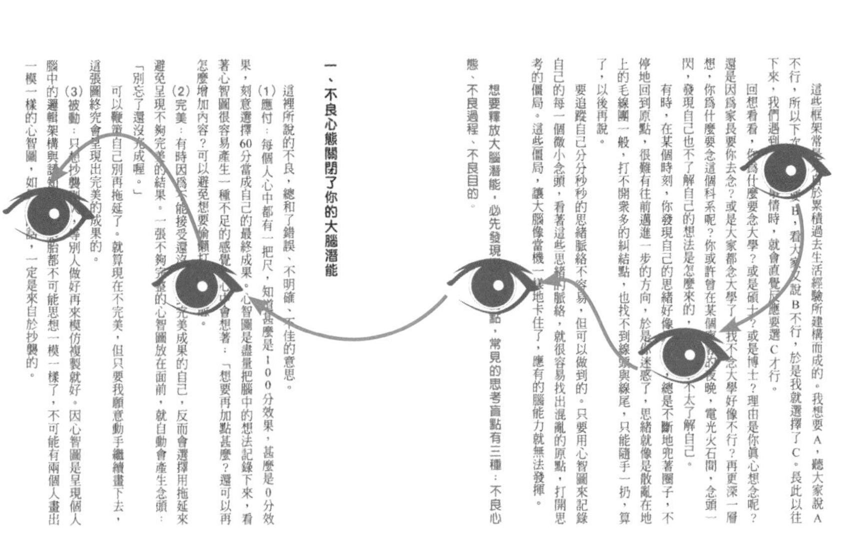
這些框架常是來自於累積過去生活經驗所建構而成的。我想要A，聽大家說A不行，所以下次我就想要B，看大家又說B不行，於是我就選擇了C。長此以往下來，我們遇到類似的事情時，就會直覺反應要選C才行。
回想看看，你爲什麼要念大學？或是碩士？或是博士？理由是你眞心想念呢？還是因爲家長要你去念？或是大家都念大學了，我不念大學好像不行？再更深一層想，你爲什麼要念這個科系呢？你或許曾在某個寧靜的夜晚，電光火石間，念頭一閃，發現自己也不了解自己的想法是怎麼來的，自己似乎不太了解自己。
有時，在某個時刻，你發現自己的思緒好像迷路了，總是不斷地兜著圈子，不停地回到原點，很難有往前邁進一步的方向，於是你迷惑了，思緒就像是散亂在地上的毛線團一般，打不開衆多的糾結點，也找不到線頭與線尾，只能隨手一扔，算了，以後再說。
要追蹤自己分分秒秒的思緒脈絡不容易，但可以做到的。只要用心智圖來記錄自己的每一個微小念頭，看著這些思緒的脈絡，就很容易找出混亂的原點，打開思考的僵局。這些僵局，讓大腦像當機一樣地卡住了，應有的腦能力就無法發揮。
想要釋放大腦潛能，必先發現思考的盲點，常見的思考盲點有三種：不良心態、不良過程、不良目的。
一、不良心態關閉了你的大腦潛能
這裡所說的不良，總和了錯誤、不明確、不佳的意思。
(1)應付：每個人心中都有一把尺，知道甚麼是100分效果，甚麼是0分效果，刻意選擇60分當成自己的最終成果。心智圖是盡量把腦中的想法記錄下來，看著心智圖很容易產生一種不足的感覺，心中會想著：「想要再加點甚麼？還可以再怎麼增加內容？可以避免想要偷懶打混的心態。
(2)完美：有時因爲不能接受還沒有做到完美成果的自己，反而會選擇用拖延來避免呈現不夠完美的結果。一張不夠完整的心智圖放在面前，就自動會產生念頭：「別忘了還沒完成喔。」
可以鞭策自己別再拖延了。就算現在不完美，但只要我願意動手繼續畫下去，這張圖終究會呈現出完美的成果的。
(3)被動：只想抄襲別人，等別人做好再來模仿複製就好。因心智圖是呈現個人腦中的邏輯架構與認知，連雙胞胎都不可能思想一模一樣了，不可能有兩個人畫出一模一樣的心智圖，如果有的話，一定是來自於抄襲的。

第二種跳讀

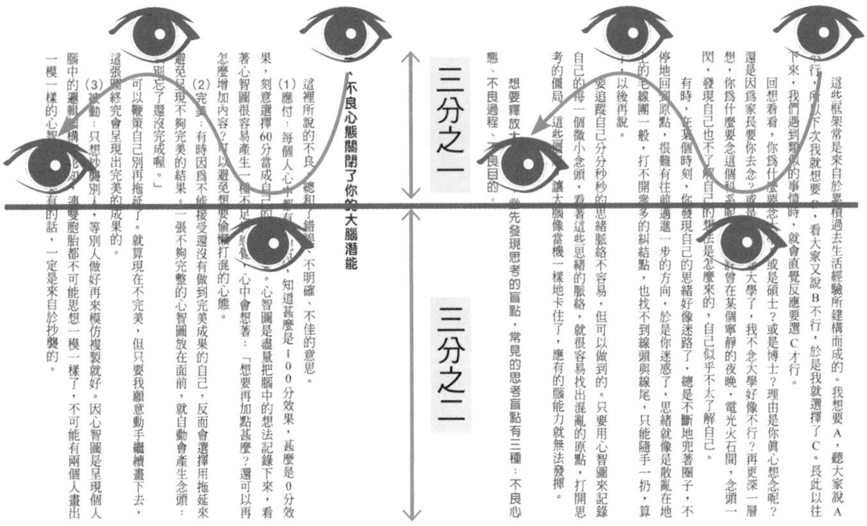
三分之一
三分之二

步驟三 只看關鍵字——第三種跳讀

第三種跳讀方式，是完成步驟二的「挑讀」之後再做一次閱讀，但這次只看剛剛步驟二所圈選出來的關鍵字詞，沒有被圈選的文字通通不看。

初學者在這個階段常會很恐慌地想：「我剛剛圈選的關鍵字詞這麼少，肯定是漏掉很多重點沒圈起來。」於是偷偷地重覆步驟二，或是一個字一個字慢慢看。如果你真的很害怕自己會遺漏重點，而且會一直偷偷地回到舊有不良習慣，請再閱讀一次第93頁「啟動高速的心理模式」部份。

主題閱讀（比較式閱讀）

我最喜歡進行主題閱讀了！因為這帶給我最大的知識收穫！主題閱讀是針對同一個主題，一次至少閱讀兩三本以上的書籍，分析這些書的重點與架構，並比較各書中的大同小異之處，所以也叫做「比較式閱讀」。

進行主題閱讀時，勢必得運用到本章前面提過的基礎閱讀、檢視閱讀、分析閱讀的能力，主題閱讀常用於製作這三類素材時：報告、論文、專題研究，但不適用於小說與非論點式的書籍喔！

別忘了前面章節提過「確定閱讀目的」的重要性。首先要先決定一個主題，再決定這個主題的範圍大小，例如：「閱讀法」的範圍大於「速讀法」的範圍，如果我現在只要知道「速讀法」，就必須從大量談論「閱讀法」的書籍中去「取」、「捨」。

先以前面第92頁「書籍的閱讀」的方式進行，因為我已經鎖定某個主題與某個範圍，若我想要了解速讀法，而目前手上剛好有一本講授閱讀法的書籍，先就目錄進行影像閱讀。瀏覽目錄後，明白該書中只有一個章節提及速讀法，那麼這本書中的其他章節，我會運用「跳讀」（全數略過不看）。

有些書籍的作者不一定會將速讀法獨立出來寫成一個章節，而是會在書中的某個段落提到速讀法。為了避免遺漏，我一樣會進行整本書的影像閱讀。

用這樣的方式，可能從二、三十書中，先刪選出我想要閱讀的七、八本書籍。精選出符合閱讀目的與主題的書籍後，再開始進行第１０９頁「文章的閱讀」。

1. 提醒一：初學者前兩步驟務必分開進行

已經成為一個影像閱讀高手時，你會同時進行步驟一「瀏覽（檢視閱讀）」與步驟二「找關鍵字（分析閱讀）」。但是還在初學者階段時，請務必將兩個步驟分開進行。

進行影像閱讀有沒有進步的評估標準，是平均每分鐘閱讀幾個字的「閱讀速率」以及有百分之幾的「閱讀理解率」，不是看閱讀的「時間總量」（畢竟文章有長有短）。即使你進行了兩個步驟，但仍會比過去進行一個步驟的閱讀速率更快、理解率更高。

別忘了８０／２０法則，不要花費時間去閱讀（對你來說）不重要的段落與文字，要嚴肅看待你的時間，時間要花費在能夠增長知識與能力的地方。**所以進行主題閱讀時，絕對不能省略步驟一喔！**影像閱讀的初學者最容易犯的錯誤就是心急求快，急著想要將「瀏覽」與「找關鍵字」合併成一個步驟，這樣一來你在找關鍵字時會增加很多的閱讀時間，更容易浪費時間在不應該閱讀的段落與文字上。

2. 提醒二：主題閱讀不需要整理全書內容和了解寫作目的

我相信很多人家裡總有一些用不到的東西，甚至已經放了十年都沒用過，但我們總很擔心萬一哪天會用到，而一直將這些東西囤積在家中，因此家中雜物變得很多。有些初學者也會有這種囤積心態，例如一本書有六萬字，我只看一萬字，其他五萬字不看好可惜喔！但是進行主題閱讀時，不需要整理整本書的內容，也沒有必要去理解作者的寫作目的，不管這五萬字對作者或是對其他讀者而言是不是寶物，對你而言，就是雜物！

3. 提醒三：運用分析閱讀的能力，超越分析閱讀的目的

本書的第四章到第六章，會分別就各種類型的書籍，教導大家如何進行「分析閱讀」，得讓自己用「無我」的態度去面對眼前的書，盡可能地去理解與體會作者在整本書中寫出的思考脈絡與知識。

但「主題閱讀」則相反，雖然需要運用「分析閱讀」的能力，但要超越「分析閱讀」的目的，所有的「分析閱讀」都是為了讓眼前的書來配合我們的閱讀目的，要讓作者的強項來

服務我們，來彌補我們的不足之處，來幫助我們解決我們的疑問或困難。

4. 提醒四：不斷進行「解構」與「再建構」

在「主題閱讀」的過程中會不斷地進行「解構」與「再建構」，所以我們要做到下列幾點：

(1) 要「換句話說」，不要「複製貼上」

理解作者對某些概念的定義後，要用「換句話說」的方式，以自己的用語來表達作者的想法。千萬不要當影印機、不要只是在自己的大腦中將作者的想法「複製貼上」。例如：「君權神授」是古代以宗教主導政治的時期，君主為了鞏固自己的權力而提倡的一種說法。我們可以理解成「君權神授」的背景環境，是宗教凌駕於政治之上。

(2) 用自己的方式重新建構

打破作者所建構的思路與思考架構，用自己的方式重新建構一次。例如：「君權神授」想要解決的「困難」是如何鞏固君主的權力，想要達成的「結果」是增加君主權力的正當性。

(3) 反向推敲作者的認知

從作者對某事物的觀點中，往回逆推出作者的認知。例如：「君權神授」這句話背後的認知是個人對宗教的高度服從性。如果沒有對宗教的服從，就沒有君權神授的必要。

有時作者是解讀前人的論述，例如孔子從自己的政治理念為出發點，為《易經》寫了十篇注釋，稱為《十翼》。閱讀時我會想辦法找出作者引用或解讀的完整原文，去看清楚作者背後的認知與理念。

(4) 客觀面對具有爭議性的主題

針對自古至今總是爭論不斷的主題，可運用黑格爾的辯證學，反覆進行「正—反—合」的思辨。不要死守自己的「正」，不是當每一個作者的應聲蟲或是挑剔鬼，只看跟自己想法相同或不同的書籍、文章，而是盡量透過理性及客觀的立場，盡可能毫無偏見地去整理出所有的「反」，再靠自身的歸納能力找出自己觀點的「合」。

有些真理很不容易越辯越明，世世代代就這麼一直辯論下去，即使我們找不到「合」，也要想辦法將各種作者的回答進行分類整理。

(5) 「沒有」完成的時刻

主題閱讀（比較式閱讀）「沒有」完成的那一刻。

十年前，我開始對於「如何避免犯錯」產生興趣。十年來我陸陸續續找到一些書籍吻合這項目標，在此羅列幾本如下，書名後面的文字是我對這本書的簡略說明。

- 《正義：一場思辨之旅》：找出正義的定義，幫助你找出你對正義的認知（先覺出版）
- 《錢買不到的東西：金錢與正義的攻防》：避免在正義準則上犯錯、如何選擇符合正義的人生準則（先覺出版）
- 《房間裡最有智慧的人》：如何避免被自己的信念／人性／直覺欺騙（先覺出版）
- 《為什麼你沒看見大猩猩》：如何避免被自己的信念／人性／直覺欺騙（天下文化）
- 《讓你荷包失血的思考謬誤》：金錢決定上如何避免被自己的信念／人性／直覺欺騙（商周出版）
- 《老虎、蛇和牧羊人的背後》：資訊選擇上如何避免被自己的信念／人性／直覺欺騙（大塊文化）
- 《黑白假說：看穿偽科學的19個思考實驗》：資訊選擇上如何避免被自己的信念／人性／直覺欺騙（臉譜）

- 《網路讓我們變笨？：數位科技正在改變我們的大腦、思考與閱讀行為》：資訊選擇與生活方式上，如何避免網路帶來的思考副作用，如何避免被自己的人性／直覺欺騙（貓頭鷹）
- 《大難時代》：如何避免被自己的信念／人性／直覺欺騙，而犯下重大不可逆的錯誤（漫遊者文化）
- 《聰明犯錯：華頓商學院教你從卓越的錯誤邁向成功》：因為無法避免犯錯，所以要如何從錯誤中邁向成功（寶鼎出版）
- 《自願被吃的豬：100個讓人想破頭的哲學問題》：找出自己對生活中常見事物的定義，認識與了解自己對事物的認知（麥田）
- 《第3選擇：解決人生所有難題的關鍵思維》：決策上如何避免被自己的信念／人性／直覺欺騙（天下文化）
- 《快思慢想》：如何避免被自己的人性／直覺欺騙（天下文化）
- 《腦內心機》：安慰劑、催眠、虛假記憶對信念的影響、如何避免自己被信念欺騙（大石國際文化）

有些書名，乍看之下似乎跟「避免犯錯」毫無關係，若不經過影像閱讀方式來挑選，這本好書就被我們錯過了。這些書的內容大致上可再細分（有些書包含兩三項類別，有些書則鎖定一類進行探討）：避免在正義上犯錯、避免在財務上犯錯、避免在決定上犯錯、避免在資訊收集上犯錯、避免在解讀資訊上犯錯、避免在信念上犯錯、避免在直覺上犯錯、避免在認知上犯錯、找出犯錯後所帶來的禮物、如何縮小錯誤的範圍。

因為我對這項主題的範圍設定得很大，到目前為止，我仍然在進行「如何避免犯錯」的主題閱讀（比較式閱讀）。❼

四 高速閱讀

「高速閱讀」是以適合自己的速度，從頭到尾一口氣看完，速度要快、要慢，必須根據文章結構的的複雜度與文章領域的熟悉度來調整。再度重申一次，速讀高手是可以任意切換不同閱讀速度的，並不會從頭到尾固定用同一種速度閱讀，要快、要慢，隨心所欲。

閱讀速度隨心所欲

假設，我現在已經可以達到一分鐘三千字，在閱讀一篇文章時（不管是步驟一的瀏覽，或是步驟二的抓關鍵字），可能在第一段是三千字／分，第二段與第三段是一千字／分，第四段三千字／分，第五段到最後一段是三千字／分。若是閱讀一本書，跟閱讀文章的道理是一樣的，你只要把剛剛的「段」換成「章」、「節」即可。

你應該會想問我，我怎麼知道我要看快一點？要多快才可以？還是要看慢一點？要多慢才可以？這部份需要花一些時間去練習，你才能做到快速判斷與切換自如。

1. 可加速的段落

一般來說，在這些段落上可以看快一點：

1. 在影像閱讀時，覺得某部份的章節、段落並非自己想要的，或是對自己來說並不重要的，就可以加速閱讀，或是略讀（跳讀）過去也可以。
2. 在瀏覽階段時發現內容是自己早就已經會了，或是對目前的自己來說是很簡單的部分，就要加速閱讀，或是略讀（跳讀）過去也可以。
3. 在步驟一瀏覽階段時閱讀過的章節、段落，判斷不是很重要的地方，在步驟二抓關鍵字時就可以加速閱讀。

2. 可降速的段落

不管你是在哪個閱讀步驟，都要放心大膽地交給你的直覺來判斷，不要用慢速的表意識來壓抑快速的潛意識。假設出現這種心理時，就可以降低速度：

1. 覺得某些章節、段落的內容屬於陌生的領域，或是充滿艱深的名詞與用語。
2. 覺得某部份的內容結構很複雜。
3. 覺得想要多了解一點，或是可能有自己需要更深入去知道的章節、段落。

剛開始，初學者因為影像式閱讀的習慣尚未完全建立，進行高速閱讀時，一定會不自覺地越看越慢，很容易回到固有的慢速閱讀不良習慣。建議你還未穩定影像閱讀習慣前，可以搭配計時器使用，來控制自己的閱讀速度。

不良閱讀習慣之一是「遇到看不懂的地方就停下來想一想」，這一個動作在高速閱讀時千萬不要出現喔！**高速閱讀是要一口氣，不停歇、不間斷地從頭到尾讀完**。只要你是在身心放鬆，精神高度集中的狀態下，一定能高速閱讀完一本書的。

多年前，網購的書籍上午送到辦公室中，我利用午休時間打開一本約220頁的書進行高速閱讀，不到十五分鐘就讀完了。我當時的同事非常驚訝，她用極度驚恐的表情問我：

「你已經讀完了？」

我：「對啊，我已經一口氣讀完了。」

她：「書裡面在講什麼？」

我：「書中寫的是……」

這種「奇蹟」在速讀高手中很常見喔，當年初學影像閱讀法的我是個不相信奇蹟的人，總以為這些速讀高手的例子不是神話就是魔術，當自己做到時，才發現這一切都是可能的，沒有騙人喔！

高速閱讀

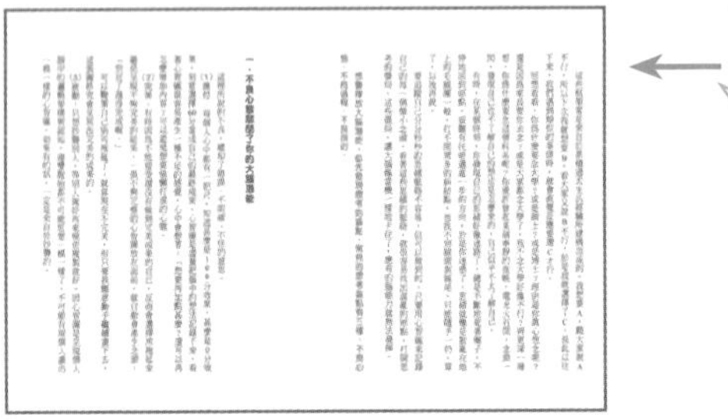

從頭開始看

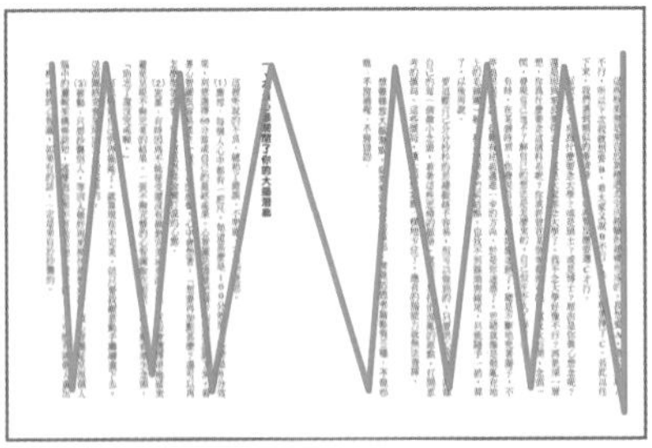

一口氣從頭到尾讀完
不停歇、不間斷

速度可以快、
也可以慢

在身心放鬆、精神高度集中的狀態下
一定能高速閱讀完一本書

熟練後的步驟

我每每要求初學者試著進行步驟一「瀏覽——超閱讀」時，總會看到一種不信任、很勉強的眼神與表情，有些人會很直接地告訴我：「你在開玩笑嗎？一本書不用全部讀完，就能掌握全部的內容？」

稍稍感受到影像閱讀威力的人，有時也會不解地問我：「我們可以一本書一口氣地進行『高速閱讀』讀完，也可以挑出需要閱讀的章節進行『瀏覽——超閱讀』，哪一個方法比較好呢？」

我先說明一下，「高速閱讀」跟步驟一「瀏覽——超閱讀（檢視閱讀）」的不同：

高速閱讀是從頭到尾，以忽快忽慢的速度，每一個字都看過去，就像你在水上樂園的滑水道上，一會急速奔馳，一會兒平緩前行，但是你必須要從頭到尾一口氣完成。

「瀏覽——超閱讀」是站在制高點，以縱覽全局的方式進行一本書的閱讀，就像你搭乘直升機俯瞰台北城市風景一樣，不會去看微小的細節。直昇機在高空飛行時，**是不會忽快忽慢地的**，你只會看到幾個大的地標所在位置，例如101大樓、國父紀念館、圓山飯店、美麗華摩天輪、木柵與內湖焚化爐煙囪、陽明山、捷運淡水線高架軌道等等。你不需要細看台北市的每一個角落，你只要找到這些地標就足以證明你人正在台北市。

「高速閱讀」跟「瀏覽——超閱讀」並無優勝劣敗的高低差異，就像你是走高架高速公路或是平面高速公路的差異而已，都能抵達你要的結果。

如果你是影像閱讀的初學者，你真的很害怕、很強烈地不安，不敢進行「瀏覽——超閱讀」的話，那麼你**就先從高速閱讀開始吧**。

我們每個人的背景知識不一樣、閱讀習慣跟面對的書籍領域不一樣，建議你要多方嘗試，必須找到適合你自己的閱讀模式，別忘了，只要比原來的閱讀速度快二到四倍，對你來說就是速讀的方法。

我個人在閱讀一些純休閒、打發時間用的書時，例如散文、小說，常用「高速閱讀」。閱讀研究報告或從研究報告演變成讓普羅大眾閱讀的商業企管類或社會科學類，我常用「瀏覽——超閱讀」。科普類或給一般大眾看的哲學書，我則會將「高速閱讀」、「瀏覽——超閱讀」混著用。

瀏覽——超閱讀

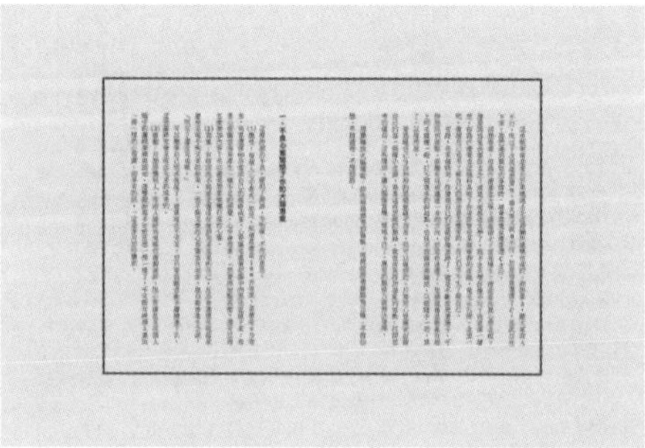

站在制高點，以縱覽全局的方式進行一本書的閱讀

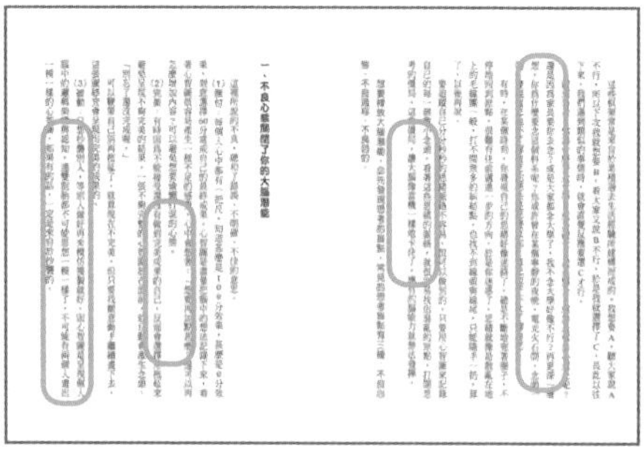

挑讀：找到有興趣或符合閱讀目的的地方

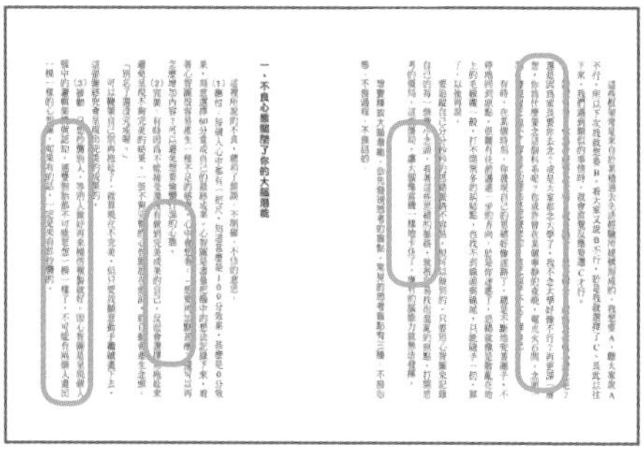

閱讀有興趣或符合閱讀目的的地方

精熟後的步驟

登登！影像閱讀高手的閱讀情況，終於登場了！

影像閱讀高手因為已經熟練各種文章類型的書籍，也找到適合自己的多種閱讀技巧，他會隨意地搭配組合，並不會固定使用某一招，能做到「兵來將擋、見招拆招」的水準。

以下假設我要閱讀一本談論職場研究的理論性書籍，說明「精熟後的步驟」我可能會怎麼做，共有五種組合（並不代表每次都固定用哪一種組合）。

第一種組合

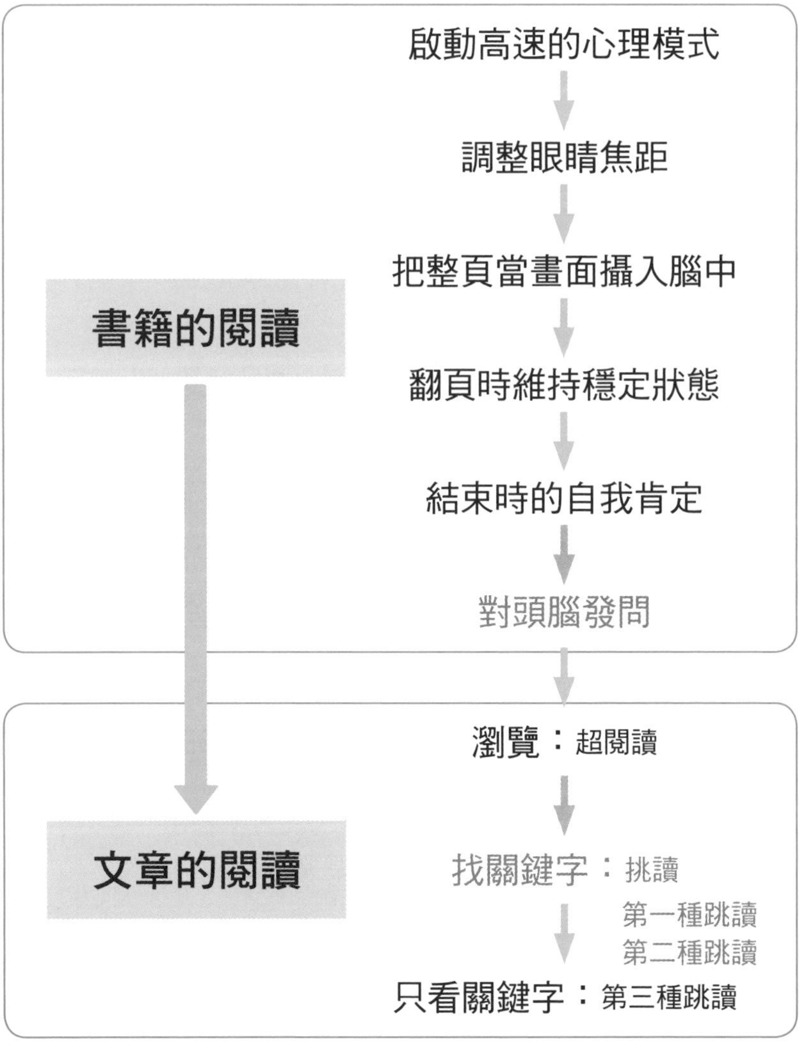
啟動高速的心理模式
調整眼睛焦距
把整頁當畫面攝入腦中
翻頁時維持穩定狀態
結束時的自我肯定
對頭腦發問
書籍的閱讀
瀏覽：超閱讀
找關鍵字：挑讀
第一種跳讀
第二種跳讀
只看關鍵字：第三種跳讀
文章的閱讀

第二種組合

書籍的閱讀

啟動高速的心理模式

↓

調整眼睛焦距

↓

把整頁當畫面攝入腦中

↓

翻頁時維持穩定狀態

↓

結束時的自我肯定

↓

對頭腦發問

↓

文章的閱讀

瀏覽：超閱讀

↓

找關鍵字：挑讀

第一種跳讀

第二種跳讀

↓

只看關鍵字：第三種跳讀

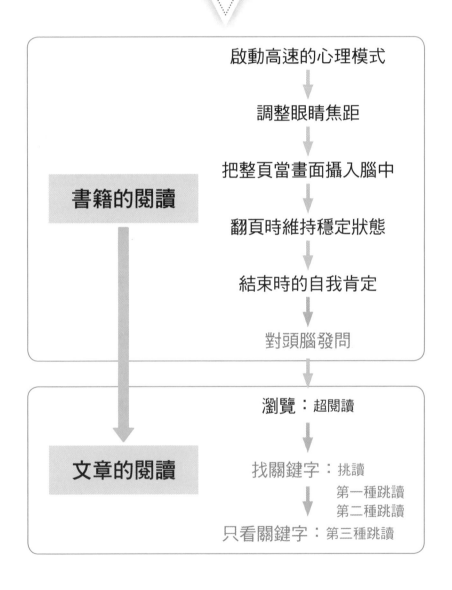

第三種組合

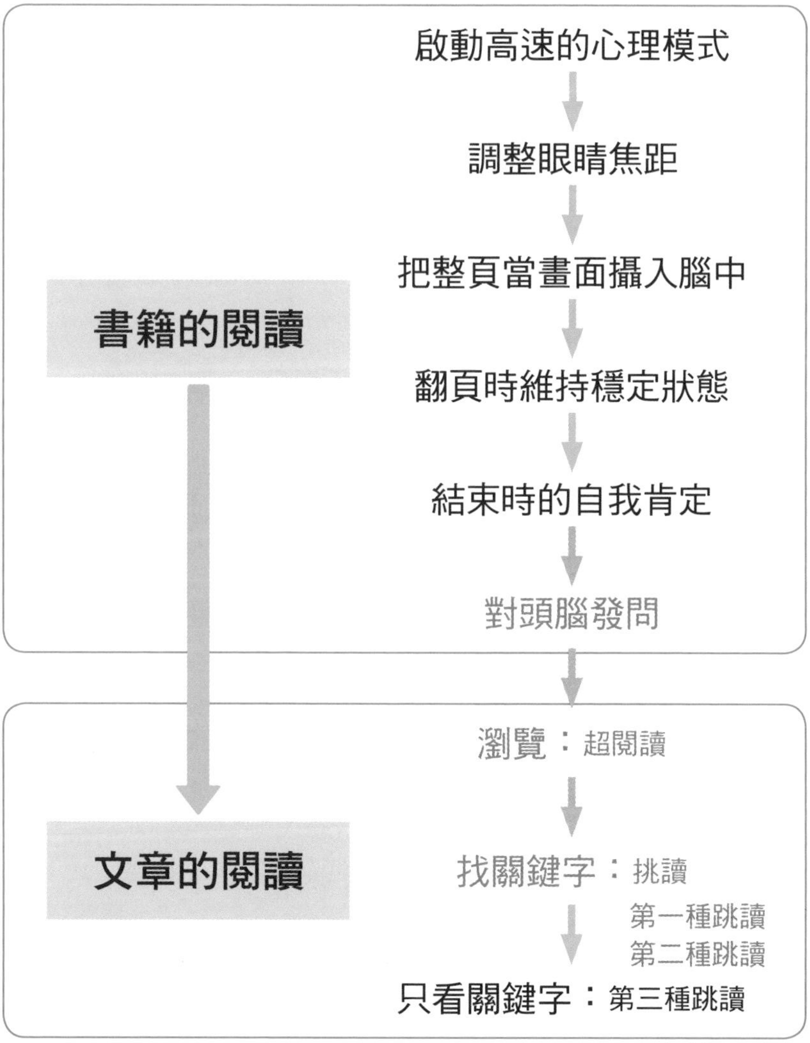
書籍的閱讀
啟動高速的心理模式
調整眼睛焦距
把整頁當畫面攝入腦中
翻頁時維持穩定狀態
結束時的自我肯定
對頭腦發問
文章的閱讀
瀏覽：超閱讀
找關鍵字：挑讀
第一種跳讀
第二種跳讀
只看關鍵字：第三種跳讀

第四種組合

書籍的閱讀

啟動高速的心理模式

↓

調整眼睛焦距

↓

把整頁當畫面攝入腦中

↓

翻頁時維持穩定狀態

↓

結束時的自我肯定

↓

對頭腦發問

↓

文章的閱讀

瀏覽：超閱讀

↓

找關鍵字：挑讀
第一種跳讀
第二種跳讀

↓

只看關鍵字：第三種跳讀

找關鍵字：挑讀、第一種跳讀、第二種跳讀，
這三種方式以其中一種進行。

第五種組合

書籍的閱讀

啟動高速的心理模式
↓
調整眼睛焦距
↓
把整頁當畫面攝入腦中
↓
翻頁時維持穩定狀態
↓
結束時的自我肯定
↓
對頭腦發問
↓

文章的閱讀

高速閱讀

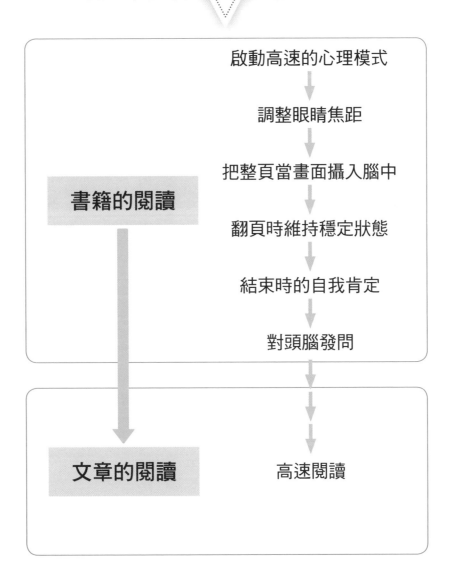

五

心智圖活化與整合

大部分的人在閱讀後，因為大腦一下子湧入大量的關鍵字，會頓時處於大腦當機狀態，整個頭腦昏昏的、記憶好像糊掉了，完全想不出、也說不出剛剛到底看到了什麼，就認定自己什麼都沒有看到，此時我們需要透過「刻意的活化」來幫助大腦，整理剛剛大量接收進來的訊息。

之前說到，做筆記可幫助我們更深的理解所閱讀的素材，但我們在影像閱讀後不要用傳統的條列式筆記，改用心智圖則更能深層地活化大腦。

繪製心智圖的基本原則是：

1. 紙張橫放，由中央開始畫線，線條呈現放射狀
2. 同一條脈絡從頭到尾用同一種顏色，開頭處要粗一點，後面保持細線即可
3. 要寫關鍵字、不要寫句子，文字要寫在線條上方

如果你想對心智圖有更深的了解，歡迎大家閱讀我的著作：

- 《心智圖超簡單》（全新增訂版）
- 《心智圖閱讀術》
- 《超強心智圖活用術：一條線一個關鍵字，畫出你的企劃力》
- 《心智圖筆記術》

大部分的人，會認為我說不出來，就表示我什麼都沒吸收到，這是錯誤的觀念。別忘了我之前說過，「我知道我在做什麼」是「表意識」，相反的部份就是「潛意識」的領域，所以需要透過心智圖這個動作，把剛剛潛意識所捕捉到的關鍵字，讓它們從表意識顯現出來。

文字內容輸入頭腦後，大腦神經連結已經建立了，心智圖可以活化、重製，甚至加強這段連結，好讓表意識可以回想出內容。每回想一次剛剛你閱讀到了什麼，大腦都能加強一次神經連結，這就加深了我們對於內容的記憶度。

這一切都是發生在你腦內，要靠我的文字敘述去理解大腦內的變化是不可能的，你必須要親身去體驗整個影像閱讀法與心智圖活化技巧。

如果你已經學習過心智圖，提醒你一下，這裡我教的繪製順序是為了要搭配影像閱讀法，順序會跟你以前繪製的不一樣。

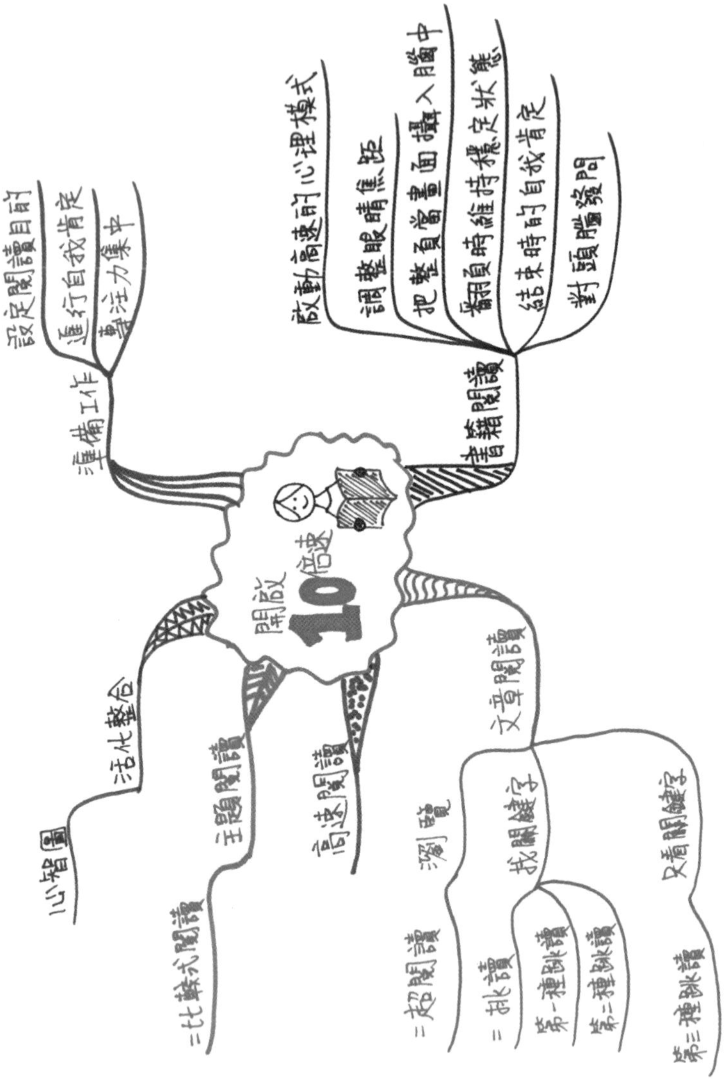

開啟 10 倍速閱讀

由右上角以順時鐘方向閱讀

步驟四　活化資訊——製作心智圖

一般初學者在進行影像閱讀後，總是無法完整回憶出方才所閱讀的內容，會有一種強烈挫折感，以為自己什麼都沒有閱讀到。其實，我們還需要做好活化腦中資訊的動作，才能漸漸讓腦中所吸收的資訊變得鮮明與完整。

這裡的「步驟四」是接續著頁124「文章的閱讀」的「步驟三」而來，以下圖文配合一起說明製作方法。

1

在閱讀之後**闔上書本，不能看文章**，你覺得剛剛那篇文章應該訂立什麼樣的主題，先寫在紙張的正中央位置。如果暫時沒有想法也沒關係，可以先留下一個空白的位置，等一下再補上。

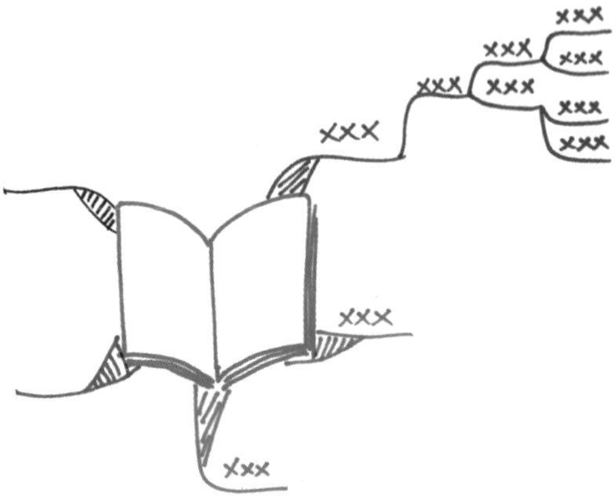

3

看著主脈上的文字（主要大重點），想一想有什麼次要的重點值得寫下來，想到什麼就先寫。依然不可以邊看書邊畫心智圖，因為我們要「刻意的活化」來幫助大腦整理剛剛大量接收進來的訊息。

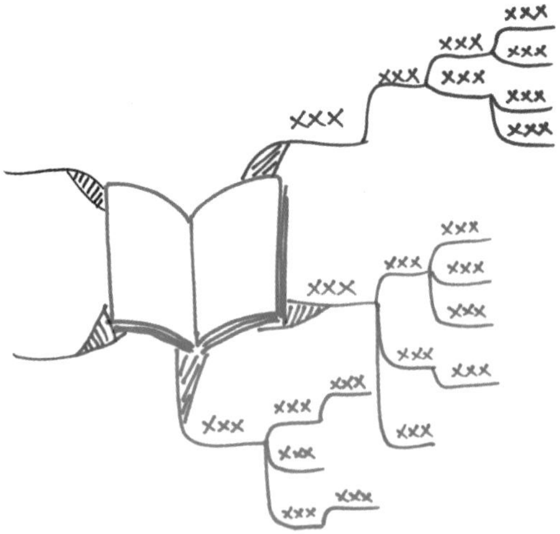

5

能寫多少文字，就先寫多少文字，文字量不是本階段的焦點，重點是自己的理解程度，而不是背誦程度。千萬要忍住，不要偷偷翻開書來抄寫喔！

確定自己再也想不出該寫下什麼，或是確定自己該畫的脈都畫了，就可進行下一個步驟。

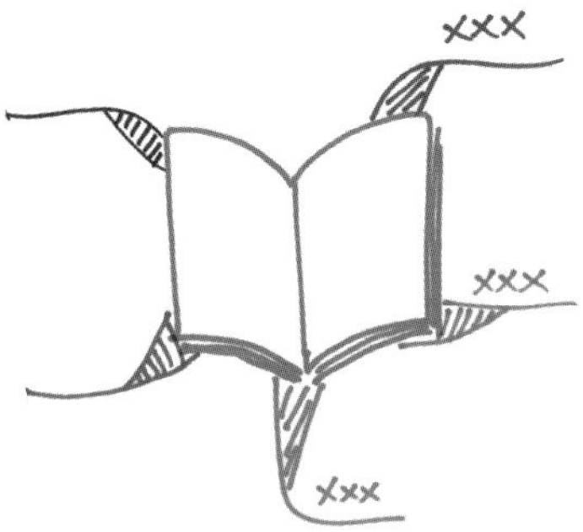

2

剛剛那篇文章有幾個主要的大重點，就直接畫出主脈、寫下關鍵字，幾個重點就畫幾條脈。

如果知道有重點，但不知該用什麼詞彙，或是忘了重點是什麼，請先畫上一條空脈提醒自己晚點補上。

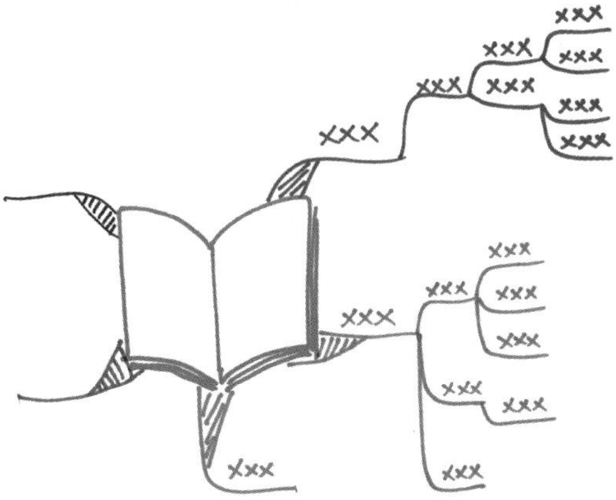

4

如前所述，因為遺忘而無法寫下的文字，我們先畫一條空脈來提醒自己晚點補上。

如果能順利寫完全部的內容（如下頁圖7），恭喜你，你很厲害！但是初學影像閱讀的人，通常不會在第一次就做得這麼順利的。

你可能會像第151頁的圖2一樣，僅能寫出一部分的內容，另一部分內容忘了該寫什麼，但是你知道總共就這幾條主脈，表示你「理解」到共有五個主要大重點，雖然你沒有把它們「背誦」下來，但是你已經做到閱讀理解了。

步驟五　補充資訊——補充心智圖

現在，打開書本，請進行頁124「文章的閱讀」的步驟三「只看關鍵字」。

別誤會了，**不是要從頭到尾把內容再看一遍喔！**我們只是要補齊剛剛畫心智圖時遺忘的幾項內容，不要又花時間把不重要的文字再看一遍。**此時只要閱讀之前所圈選出來的關鍵字即可**，閱讀速度請保持跟之前一樣，不要刻意放慢速度，也不要刻意背誦文字。

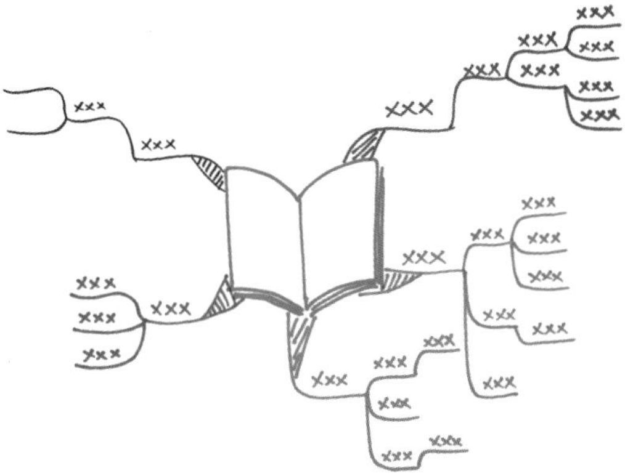

6

看完一遍之後，把書再次闔起來，將空脈上的文字補齊。假設心智圖上還有一些空脈無法填完整，就重覆剛剛的動作，打開書本只看相關段落的「關鍵字」。

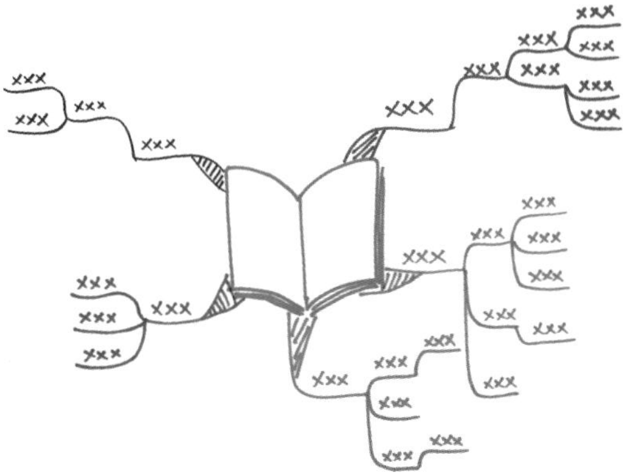

7

就算最後無法全部填完整也沒關係，但是千萬要忍住想邊讀邊填心智圖的慾望喔！勇敢地跨出自己的舒適圈吧！

即使以上動作看似我們閱讀了一本書好幾次，但別忽略了，我們總共的閱讀時間會比你用傳統的閱讀方式來得更短，吸收到的內容卻又更多。

曾有學生問我：「看書速度確實變快了，但是畫心智圖時很慢，我能不能夠不要畫心智圖呢？」

我反問他：「那你要如何知道自己吸收了多少呢？」

他說：「我能不能只在腦海中回想就好，不要動手畫出來呢？」

我回答說：「光靠在腦海中回想，多數人無法得知自己的吸收程度如何，會因為自己想不完整或是想不出來，就以為自己什麼也沒吸收到。如果你已經是影像閱讀高手了，我相信你可以只在腦中回想就好，但若還不是高手等級的時候，還是老老實實地扎穩腳步，不要心急求便。」

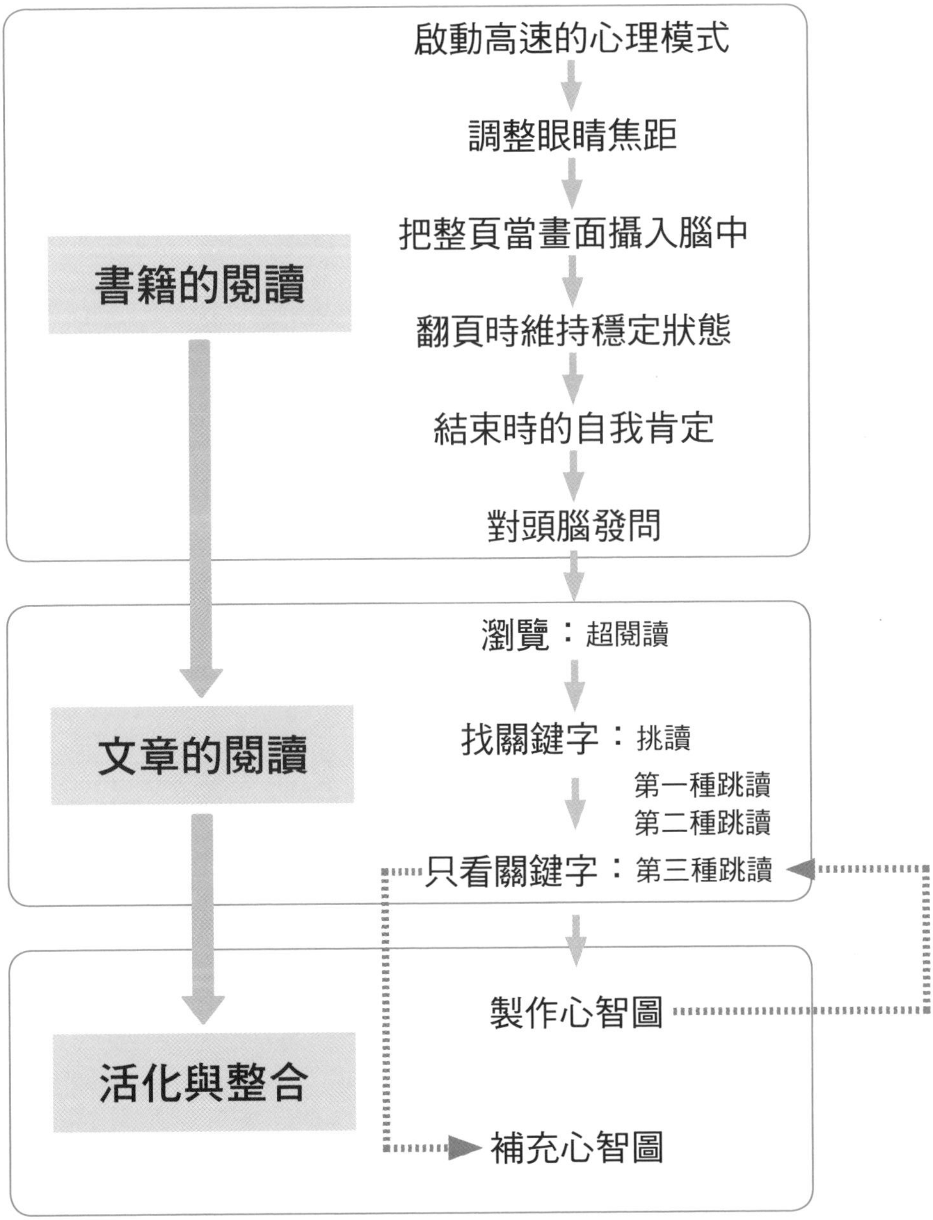
啟動高速的心理模式
調整眼睛焦距
把整頁當畫面攝入腦中
書籍的閱讀
翻頁時維持穩定狀態
結束時的自我肯定
對頭腦發問
瀏覽：超閱讀
找關鍵字：挑讀
文章的閱讀
第一種跳讀
第二種跳讀
只看關鍵字：第三種跳讀
製作心智圖
活化與整合
補充心智圖

註

1. 請大家不要誤會我的意思，而去做下列這種讓人反感的行為：用一種驕傲的神情拿著書對別人說：「你看，這本書上寫的內容，跟我上次跟你講的內容是一樣的，可見我說得沒錯吧？我沒有騙你吧！」這種行為可是拿著別人的話來幫自己按讚，會讓人討厭的喔！
2. 最新的腦科學發現，大腦的功能區域並非如此粗略，但是在此先不深究此議題。
3. 美國東北大學心理學教授、同時也在哈佛醫學院教授放射學的麗莎．費爾德曼．巴雷特（Lisa Feldman Barrett）針對情緒做了長達二十五年的研究，她掃描大腦並分析生理機能，了解到情緒其實是「個人生理的感受＋個人心理的解讀」。也就是說，情緒是由自己的大腦所創造出來的，與外在客觀環境無關，個人情緒的好壞，一切都由個人自己來決定。
4. 社會心理學家艾米．庫迪（Amy Cuddy）在ＴＥＤ演講與她的書中提出一種有自信的站姿，即使心裡一點都不自信，也可以增強自信心，並可能進一步影響我們的成功機會。她的一些研究結果已在社會科學家關於穩健性和可重複性的持續辯論中被引用。
5. Francesco Cirillo 發明了「番茄鐘工作法」，他發現讓專注力在短時間內一緊一鬆，工作效率最好。此法的基本工作方式是：專心二十五分鐘、休息五分鐘作為一個階段。
6. 這部分請見第四章與第五章，針對閱讀社會科學類和自然科學類有詳細說明。
7. 曾在心智圖課堂中被年約五十歲的男性問道：「你會推薦我看哪些書籍，能幫助我做到『不管什麼書都能很好地抓出重點』？」這個學員問的問題範圍很大，我當時的回答是：「要達到這種能力，不是只看一兩本書就可以做到，你必須閱讀很多、很多、很多的書。」希望當時他沒被我的回答嚇到，願意拋棄「閱讀可以速成」的妄念與迷思，從現在開始逐夢踏實地打地基。

第4章

文科書籍的閱讀

- 歷史
- 文學
- 抒情文、唐詩、新詩
- 虛構小說、言情小說
- 傳記文學、傳記小說
- 社會科學
- 雜誌書、文摘、懶人包
- 哲學
- 宗教、神學
- 合約書

胡適曾寫過一篇〈讀書〉的文章，提到讀書的方法有兩個要素：精、博。精，是指精讀，要看、唸、提問與思考、寫筆記。博，是指廣博，什麼都要讀，讀書量多了，容易觸類旁通、舉一反三。這**是為了「獲得資訊而讀」**。

回顧過去三十多年來，我接觸過的大大小小學霸、聰明人、機靈人，觀察出一個結論：「學習效果好不好，一半是老師的努力，另一半是學生的努力。」努力讓自己去適應各種不同老師，就是負責任的學生。**這是為了「增進理解而讀」**。

從第四章開始，我從不同的知識領域的角度來告訴大家「如何判斷重點會落在哪些段落」、「如何掌握作者的思考脈絡」。

你就把作者想像成老師，每個老師有自己習慣的教學方式，每個老師要求學生得加強的項目不同，同樣是作文老師，某作文老師要求內容的深度與廣度要有新意，另一個作文老師可能要求用字遣詞的華美要更進一步。

同樣是大學數學老師，某數學老師要求背下所有公式以加速計算過程，另一個數學老師可能覺得計算的快慢不重要。

同樣是教導造句的寫作老師，某寫作老師可能接受學生仿寫例句，另一個寫作老師可能覺得仿寫、改寫是低層次的創意，而要求學生不能這麼做。

了解作者的思維模式，就像了解老師的授課模式；了解作者的寫作理念，就像了解老師的授課理念。先知道這些，能幫助我們更快進入一本書的指導。

除了步驟一「瀏覽」之外，進行步驟二「找關鍵字」時，閱讀這類書籍，一定要「在書上做筆記」！

好啦好啦！別急著抗議。我知道有愛書人跟以前的我一樣，捨不得在書上做任何註記，只想讓一本書乾淨到好像從來沒人翻過一樣，而且這種「愛書本」的愛書人，比例還挺高的。

我希望你能跟我一樣，**從表面的「愛書本的人」，變成真正的「愛書本內容的人」**。

自從十五年前讀過一篇科學研究，知道一個（過去我不想承認的）事實——書上註記越少，腦中留下的內容越少，我開始積極地運用我的動覺記憶，來幫助我記住一本書的內容。

畢竟百分之九十五的書，在我第一次閱讀完畢後，就再也不需要從第一頁翻到最後一頁。若這本書的內容對我來說，日後需要再進行第二次閱讀，書本很乾淨對我一點好處都沒有：**有了註記才能幫我在第二次閱讀時更快找到重點所在之處，節省事後複習的時間**。

若這本書的內容對我來說，日後根本不需要再閱讀了，這本書實際上跟我一點關係都沒有了，書頁乾不乾淨已經是一件沒有意義的事情。❶

以下的方式，都算是在書上做筆記：

- 關鍵字詞、關鍵句旁邊劃線
- 圈選關鍵字詞、關鍵句
- 重要段落上畫上☆、夾書籤、貼標籤紙

- 相同觀點用相同的符號——假設類似的觀點在其他頁數也出現過，都用一樣的註記方式，例如◎、※、Δ、#
- 看不太懂、需要搜尋更多資料的地方，先畫上「？」
- 以數字標記發展順序

寫文字筆記，有一個很關鍵的想法——**寫下的內容是給未來的我閱讀的**——所以，不要自找麻煩。我不建議在書上空白處書寫文字，這樣會耗掉太多閱讀時間，也讓文字筆記散落在書本各頁中，這會增加日後複習時整合資訊的複雜度。

進行影像閱讀時，請留到活化階段時再書寫文字筆記，我們需運用心智圖來加速筆記速度、提升筆記效果，方法請參考前面第146頁開始的「心智圖活化與整合」單元。

歷史

歷史，以時代為中心，講述在某個特定的時、地，發生了特定的人、事、物。不就是在講過去發生的一個故事嗎？所以就用人、事、時、地、物、因、果的5W概念去抓重點就好啦。不不不！事情沒這麼簡單！陳述歷史，絕對會帶著作者的個人解讀、評價在裡面。

● **描述一**

凱文的大媳婦在樓上擠奶，同時凱文的二媳婦在廚房裡拖地，凱文對客人說：「大媳婦一回來就跑到樓上去沒有下來。二媳婦一回來就拖地。」

請問你是客人，你會怎麼想？

如果凱文是這樣對客人說：「大媳婦還在餵母奶，一回來就要趕緊去樓上擠奶。二媳婦很愛乾淨，一回來就先拖地。」

請問你是客人，你會怎麼想？

凱文的兩種說法，都是事實，但哪一個更接近真相？

看一本歷史書，跟看一則新聞事件一樣，我們並不在事件現場，我們不知道作者用什麼樣的原則、立場、心態去揀選要露出的部分、刪掉了哪些部分。所以，**我們絕對會無形中吸收作者的個人見解，所以歷史書絕對是一本論點式的書籍。**

● 描述二

凱文的大媳婦打開家門，連包包都來不及放下，急急忙忙地換上室內鞋，飛奔趕往樓上，關上房門後，獨自一人擠奶，因為是第一胎，手腳不熟練，乳腺也不夠暢通，擠奶必須耗費四五十分鐘，擠到手痠卻只能擠出二十毫升的奶。與此同時，凱文的二媳婦一回到家後，緩步地走向房間，換好衣服、綁上馬尾後，就逕直地走向後陽台，拿起了拖把，先從客廳開始，不發一語地慢慢拖著地。二媳婦在廚房裡拖地時，凱文的鄰居來訪，凱文趕緊招呼著客人坐下，接著打開茶罐，煮上一壺熱水，此時凱文對客人說：「我這個大媳婦每天一回來，就很急著跑到樓上去，說是要擠奶，每次一擠就要很久，沒有一個小時的時間是不會下來的。而我這個二媳婦，很愛乾淨，一回來就立刻去拖地，一樓的整個地板天天都讓她拖得乾乾淨淨的。」

請問你是客人，你會怎麼想？

歷史的中心可能是某個事件或某個人、某個地點，環繞此中心所發展出的許多記錄，這些記錄其實都是在說故事。作者畢竟會依照某個「概念」來整理這些故事，這個「概念」就是**作者對歷史的解讀。解讀可能很明顯地呈現出來，也可能很隱晦。**

作者不是歷史事件的當事人，搜集再多的資料，撰寫歷史書時，再怎麼避免假想或臆測，都難免必須加一點點自己的想像力，去描述事件的起因與當事人的背後動機，如果完全不加上一點點的個人想像的話，這本歷史書會很無趣。但若加入了更多的個人想像，就被歸入稗官野史。

古代說書人多數喜歡講稗官野史，而不講正史，這樣一般民眾才會覺得歷史故事好聽，有些歷史老師或文史老師，在台上或電視上講得生動有趣，正是加入了許多個人的想像。看這一類的歷史書籍，千萬要小心，不能只看一本就當成是已經瞭解了當時的歷史，還要涉獵更多的相關著作，避免被某一種史觀牽著鼻子走。

有些歷史書本身就像橋下說書人，文采豐富，融入了華美的詞藻，文筆流暢，宛如閱讀輕小說一樣寫意自然，充滿戲劇性描述，牽動著讀者的情感。見到這類歷史書，一定要小心！小心！再小心！千萬要理性看待，別被情感牽著走。

以下這段內容純屬我個人觀察之後得到的想法。有時，「越多細節描述的故事越有鬼」，越可能有作者隱藏的動機在裡面。這裡是指超乎平常情況或多數人會寫的詳細程度。❷

有種很接近歷史的文學，稱為報導文學、紀實文學，主要是以真人真事為主的記敘性質文學作品，結合新聞與文學，比一般的文學更緊貼現實，但仍會帶有作者主觀成分在內。

若閱讀目的在於了解歷史，那麼閱讀時，必須要自己將作者所有的形容詞描述全數刪除，僅留下「〇〇人，因為〇〇，在〇〇時，〇〇地，用〇〇物，做出〇〇事」等基本事實即可。**切勿輕信作者的形容詞，才不會落入作者的主觀意識中**。例如：「他依約緩步前來」、「他依約不急不徐地前來」、「他依約腳步躊躇地前來」，請全部濃縮成「他依約前來」。

了解到歷史書一定帶有作者的個人史觀在其中後，我們要多多留意史觀對理解真相的影響，我們**若能多多閱讀同一事件的不同史觀，對過去的理解總是好的**。不管我們同不同意作者的史觀，如果作者能盡可能「查證屬實」並「沒有遺漏地」告訴我們確實發生過某些事情，那麼這是一本盡責的歷史書。

你應該已經聯想到了，閱讀歷史書時，我們必須要達成閱讀的第一層次「基礎閱讀」跟第二層次「檢視閱讀」了。歷史書作者有史觀，記者有個人偏好（說不定還有個人偏見）。平時閱讀的報紙、社會新聞雜誌、財經雜誌等描述生活中事件的文章，也可以用這種角度來進行閱讀。

最後，讀歷史的目的性到底是知道有這麼一回事就夠了？還是要鑑往知來，記取教訓？雖然不論古今中外，人類似乎老是重蹈覆轍，但撰寫歷史書籍的當下，作者肯定是希望讀者能記取某些教訓的。

進行文章閱讀的步驟一「瀏覽」時，**得先了解作者是以時間序的方式來描述，或是以主**

題式的方式來描述，可以幫助我們理解作者想要透過歷史來傳達什麼？或是解決什麼？

閱讀完一本歷史書後，卻無法產生一種「知道這件事情，讓我現在可以來解決什麼」的念頭，沒有從歷史中記取教訓，那麼我們就不是一個好的讀者。這個部分的探究，**是閱讀的第三層次「分析閱讀」跟第四層次「主題閱讀」**。

• 牛刀小試1

一 王維擅長山水畫，可惜他的畫作已經亡失，今日所見都是後人仿作。他晚年隱居藍田輞川，曾繪有〈輞川圖〉，現今流傳的是唐代摹本，收藏在日本聖福寺。圖中畫一處組合式庭院，庭院背後主峰高聳，群山環抱。庭院前面河川流過，船隻往來。庭院中有亭台樓閣，樹木掩映。從繪畫的角度來看，此圖創造出超脫凡俗的意境，可謂「畫中有詩」。

——七下康軒版國文，一〇七年

測驗題一

1. 王維的山水畫〈輞川圖〉被喻為「畫中有詩」。**請作答：□是　□否**
2. 現存的王維的山水畫〈輞川圖〉真跡，被收藏在日本聖福寺。
請作答：□是　□否
3. 王維的山水畫目前全部都已經亡失了，如果有賣骨董的人說手上有王維山水畫，那麼該畫作一定是假的。**請作答：□是　□否**

二

西元一九一五年，余清芳等人利用宗教名義集結抗日群眾，在西來庵密謀驅逐日本人，因事機洩漏，遭到台灣總督府的武裝鎮壓，是為西來庵事件。這是日治時期規模最大、犧牲人數最多的抗日事件。

西來庵事件後，漢人不再有大規模的武裝抗日行動，轉而以非武裝的政治、社會運動方式爭取自身權益。

——七下康軒版社會，一〇八年

測驗題二

1. 西來庵事件是以宗教名義進行的抗日活動。**請作答：□是　□否**
2. 西來庵事件後台灣漢人改用社會運動來進行抗日活動。**請作答：□是　□否**
3. 西來庵事件是台灣地區最大且死傷人數最多的抗日活動。**請作答：□是　□否**

三

曾國藩反對太平天國排拒儒家思想的作為，以維護傳統文化為號召，率領湘軍與李鴻章組建的淮軍共同對抗太平天國。

太平天國定都天京後，發生內訌，導致力量分散。同治三年（西元一八六四年），清軍攻陷天京，太平天國敗亡。

太平天國之亂嚴重破壞長江中下游經濟富庶之地，影響清朝的國力。清廷仰賴漢人官員平亂，使漢人政治地位提高、地方權力加重。平亂期間，清廷獲得外國人協助，見識西方武器的精良，有助於自強運動的推展。

——八下康軒版社會，一〇八年

測驗題三

1. 曾國藩的湘軍與李鴻章的淮軍合作對抗太平天國。**請作答：□是　□否**
2. 減弱清朝國力的事件是太平天國之亂。請作答：**請作答：□是　□否**
3. 太平天國之亂後，漢人的地位提高。**請作答：□是　□否**

四

十九世紀末，台灣的樟腦曾經銷售到世界各地，特別是歐洲和美國。為什麼這些外國人要買台灣的樟腦呢？原來，當時有科學家發現，把樟腦和其他東西混合，可以製造出一種叫做「賽璐珞」的化學材料。賽璐珞有點像今天的塑膠，經過加工後，可以應用在很多地方，比如製造乒乓球、撞球、底片等。因此，在清朝統治台灣後期，樟腦是台灣最重要的出口產品之一。

——戴寶村編《世界第一．台灣樟腦》（國立台灣博物館，二〇〇九）

測驗題四

1. 台灣樟腦可以製作成化學原料賽璐珞，是清朝統治台灣後期時重要的出口品。**請作答：□是　□否**

2. 台灣樟腦主要出口地點是大陸。**請作答：□是　□否**

五

十九世紀時，歐洲的文學、藝術發展，主要有浪漫主義、寫實主義與印象派等。

1．浪漫主義：十九世紀前期歐洲文化的主流，當時知識分子質疑啟蒙運動偏重理性的原則，轉而強調人的情感以及崇拜英雄事蹟等。

2．寫實主義：工業革命以來，歐洲工業化，產生貧富差距等社會問題，引起人們思考工業社會的現實面。工業社會中的勞苦大眾，成為他們關注的題材與對象。

3．印象派：畫家運用光影變化，表現對景物的瞬間視覺印象或是個人的內心感受，被稱為「印象派」。

——九下翰林版社會，一〇七年

測驗題五

1. 浪漫主義者會崇拜英雄事蹟。**請作答：**☐是　☐否
2. 寫實主義者關心勞苦大眾。**請作答：**☐是　☐否
3. 印象派畫家運用光影變畫來表現理性的原則。**請作答：**☐是　☐否

六

有一次，這位商人趕路口渴，在過溪時隨手掬起河水飲用，卻有一股涼沁心脾、通體舒暢的感覺。仔細一瞧，水面浮著一層彷彿結凍般的東西，商人觀察後，發覺是溪畔藤蔓上成熟的果實掉落溪中所分泌出來的果膠。於是他便摘了一些果實回家，然後以布包裹著果實，一番揉洗後，果實中分泌出大量果膠，不一會兒，就凝結成「果凍」。這位商人因為經常在山區奔走，很需要消暑解渴的飲料，這種果凍就成了他的最愛。後來，他索性以女兒愛玉的名字來稱呼這種消暑的聖品，並且經營起愛玉的生意。

——七下康軒版國文，一〇七年

測驗題六

1. 愛玉是一種可消暑解渴的果膠。**請作答：**☐是　☐否
2. 商人用太太的名字做為此款果膠的名字。**請作答：**☐是　☐否

文學

身為哥倫比亞大學教授、小說家、美國教育學家，也擔任過茱莉亞學院（藝術類的學院）校長的約翰・厄斯金（生於一八七九，卒於一九五一），致力於古典文學的研究，對於文學名著的閱讀規畫被美國許多學校採用。

他強調一本有價值的書要讀一次以上，**第一次閱讀時不會在書上畫線，是要避免日後重讀時受第一次的感想所影響，希望重讀時能有不同的發現與啟示**。所以他會製作索引卡，第一次到最後一次閱讀皆在卡上寫下頁碼與簡略的想法，這樣日後要查找相關的論述時，就能很快翻到正確的頁數。這是為了要滿足「研究」這個閱讀目的的筆記方法。

文學跟語文的關係緊密，一定要讀，口讀、默讀，最好是精讀，要揣摩情感、要鑑賞用字精妙。但是否需要像約翰・厄斯金一樣，以國學家的角度去精讀，就看個人喜好囉。

文學要做到主觀性的描述，能講清楚說明白讓大家理解，作者已經盡到責任了。文學家帶領大家從文字進入，讓讀者投入心靈到書中情境，創造出讀者自己的心理歷程，這就夠了。即使眼前的內容是一本想像出來的文學書，一樣可以讓我們站在作者的主觀性描述上，去體驗我們不曾體驗過的情境。

精讀文學時第一遍瀏覽可先抓出故事結構就好，第二遍閱讀留意如何描寫人物，第三遍閱讀留意人物的用字遣詞、對話、社會背景，甚至是人生態度。

有時文學作品會用一些雙關語、反諷、弦外之音等手法，展現出文字的多重意義，讓文字更加豐富或是增加語言層次性，這也是閱讀文學作品的樂趣。要讓我們自己就像個詩人一樣，放輕鬆地去感受這部分，而不是一直使用理性邏輯角度去挖掘作者的論述而已。

文學書籍，一般只需要達到「基礎閱讀」跟「檢視閱讀」這兩個層次即可，要放輕鬆，慢慢去享受作者的表達方式帶給你的情緒波動，讓自己投入作者所建構的情境中，去經歷那個情境。

文學書籍要慢慢看，完全不適合進行影像閱讀。❸

● 範例

一 另一次類似的經驗是在夜裡，站在樹影裡等公車。那條路在白天車塵沸揚，可是在夜裡靜得出奇。站久了我才猛然發現頭上是一棵開著香花的樹，那時節是暮春，那花是乳白色鬚狀的花，我好像在什麼地方聽過它叫馬鬃花。

——七下康軒版國文，一〇七年

二、印度「泰姬陵」的故事正是個有趣的例子。伊斯蘭藝術的特色之一，是華麗繁複、令人目眩神迷的構圖；而伊斯蘭建築最講究的，就是嚴謹工整的對稱之美。三個多世紀前，信奉伊斯蘭教的印度蒙兀兒皇帝沙加汗，決心為他難產而死的愛妃蒙泰茲建造一座舉世無匹的、華美壯麗的陵寢。設計時當然從內到外鉅細靡遺，無一處不是完美的對稱。不料這座耗資過鉅的愛之傑作弄得民窮財盡，沙加汗被篡位的親生兒子囚禁起來，抑鬱以終；原先想為自己另建一座黑色大理石陵寢，與泰姬陵遙相對應的美夢也碎了。其實對稱並不一定就美。就像太完好無瑕如蠟像的臉孔是乏味的，有時左右不太對稱的臉反而更有魅力，至今還覺得《亂世佳人》裡的費雯麗是她那一輩女星裡最美的，我尤其喜歡她那兩道高低長短不一的柳眉：每當她高高挑起右邊的眉毛，無論是表示挑逗或挑釁，都顯得特別有個性而迷人，哪是庸脂俗粉整齊劃一的眉毛能比的呢？

——九下康軒版國文，一〇七年

三、不要習慣了這個世界遠處的災難與報導，如果我們不斷漠視、麻木，不去反對這些不公，不去拒絕那些不義，這個世界會不會就漸漸忘了什麼是對的？那些戰火下的犧牲者、還來不及長大的小孩，他們的哭泣，我們聽見了嗎？

——Abby〈戰火之下，加薩孩子們的哭泣，你聽到了嗎？〉（女人迷網站，二〇一四）

抒情文、唐詩、新詩

抒情文跟文學類文章一樣，完全不適合進行影像閱讀。請放慢閱讀速度，讓自己透過作者的文字，去經歷一次作者所經歷的情感流動。

詩，有語言律動上的變化，得一字字口讀唸出來、心讀念出來，才能感受到律動美感，當然也不適合影像閱讀囉。

如果閱讀完畢後，無法抓出作者的故事主軸，那表示我們閱讀的深入度還不夠。要抓出此類的故事主軸很簡單，**只要掌握「人事時地物因果」，進行「基礎閱讀」跟「檢視閱讀」這兩個層次即可。**

• 範例

一 念中學時到了杭州，杭州有一處名勝滿覺壠，一座小小山塢，全是桂花，花開時那才是香聞十里。我們秋季遠足，一定去滿覺壠賞桂花。我們邊走邊搖，桂花飄落如雨，地上不見泥土，鋪滿桂花，踩在地上軟綿綿的，心中有點不忍。這大概就是母親所說的「金沙鋪地，西方極樂世界」吧。我回家時總捧一大袋桂花回來給母親，可是母親常常說：「杭州的桂花再香，還是比不得家鄉舊宅院子裡的金桂。」

——琦君〈桂花雨〉

二

鈴聲一響，頓時人影錯雜，奔往不同方向，但是在那麼多穿梭紛亂的人群裡，我無比清楚地看著自己孩子的身影——就好像在一百個嬰兒同時哭聲大作時，你仍舊能夠準確聽出自己那一個的位置。華安背著一個五顏六色的書包往前走，但是他不斷地回頭，好像穿越一條無邊無際的時空長河，他的視線和我凝望的眼光隔空交會。我看著他瘦小的背影消失在門裡。

——龍應台〈目送〉

三

水邊渡口，淡黃的蘆葦和白色的蘋花在秋風下擺動著，堤畔灘頭，綠色楊柳和粉紅蓼花相互輝映，雖然沒有捨命的至交，但卻不乏毫無心機的沙鷗、白鷺長相為伴，在水天一色、秋色無邊的江面上，看斑斑點點白鷺與沙鷗輕掠而過，倒也富有趣味，煙波江上目不識丁的釣魚老翁，傲氣十足地輕視人間的達官顯貴。

——白樸〈沉醉東風·漁父詞〉

四 西方人把對旅行的渴望，開玩笑形容為「被旅行蟲咬了一口（to be bitten by a traveling bug）」，所以就像一種難以遏止的奇癢，讓人忍不住去抓撓，但愈抓愈癢，實在是對於愛上旅行一種很傳神的描述。旅行的經驗，提醒我旅行過程當中，那些對於我們來說無比新奇、獨特的事件、場景，可能都指是當地人稀鬆平常的例行生活細節而已。很少旅行的人，難免會誤以為我們的生活平凡無趣，而出遠門的所見所聞，都是舉世無雙、獨一無二的稀奇體驗。這時候只要不斷去旅行，看得越多，對於日常生活的滋味，體會也就愈深，發現原來我們覺得如此獨特的，是別人的開門七件事。我們覺得稀鬆平常、百無聊賴的柴米油鹽醬醋茶，竟然可以是別人拍案叫絕的妙事。於是，走得愈遠、看得愈多，我們就變得愈懂得謙卑，也愈能夠欣賞品嚐日常生活的況味，一輩子永遠不會有無聊的時刻。

——褚士瑩〈我們都被旅行蟲咬了一口〉

五 有位愛貓的朋友，手上傷痕累累，全是寵貓的利爪抓的。我不養寵物，對貓狗完全外行，乃懵懵問曰：「聽說人們養了貓都送給獸醫動手術，把貓爪拔掉？」她嘆口氣說：「是啊，可是貓沒有了爪子，不能爬樹、不能做很多事情，那還成了什麼貓呢？我寧可讓牠抓、讓牠刮家具，也不忍心拔了牠的指甲。」我聽了悚然而驚，更是為許許多多所謂的愛貓之人愧怍得伏首無語。

愛一個對象，就要去改變他原來的面目、使他變得無能無用、使他像標本一般供養在眼前、使他不再是一個鮮活撲躍的生命，如此才好百分之百的獨佔他，還要說是為了他好——這是多可怕的愛！

——李黎〈折羽〉

六

習慣的影響十分嚴重！腳原本踩在平地，不能夠適應窪地，但時間久了，踩在窪地就會像踩在平地一樣平坦。等到把窪坑復原成原來的樣子，卻反而覺得阻滯不順、庸人自擾。所以學習最重要的是開始。

——九下康軒版國文，一〇七年

七

早晨開窗就好比是「骨牌效應」的第一張牌一樣，一旦呼吸到新鮮空氣，讓身心煥然一新，就可以讓這一天有個美好的開始。打開窗戶、排出晦氣之後，第二個動作是照著鏡子對自己說一聲「早安」。說早安的時候，一定要記得面帶微笑，因為對你來說，這是你今天的第一聲招呼，而你自己正是打招呼的第一個對象。如果第一聲招呼隨隨便便，一定會影響到之後的一整天。單單這兩個動作就足以改變你一早的心情，改變你一天的生活，改變你的人際關係。

——佐藤傳《幸福的好習慣》（原點，二〇一三）

八

今天，我關注女性權益和女童教育，因為她們承受最多的苦難。曾經，女性活動家要求男性為她們爭取權益，但這次我們會自己爭取權益。我不是在告訴男性不須再為女性權益發聲了，我是在關注女性的自主獨立和為她們抗爭。那麼，親愛的姐妹兄弟們，現在是為自己說話的時候了。今天，我們呼籲世界各國領袖改變他們的政策方針以支持和平與繁榮。我們呼籲各國領袖所有協議必須保護女性與兒童的權益。違背婦女權益的協議是不可接受的。我們呼籲所有政府確保每一位兒童能接受免費和義務的教育。我們呼籲所有政府對抗恐怖主義與暴力。保護兒童讓他們免於暴行與傷害。我們呼籲先進國家支持並擴展女童在發展中國家接受教育的機會。我們呼籲所有社區心懷寬容、拒絕基於種姓、教義、派系、膚色、宗教或議程的偏見，確保女性的自由和平等，讓她們茁壯成長。我們之中的一半人遭到阻礙時，我們是無法徹底取得成功的。我們呼籲處在世界各地的姐妹勇敢起來，去擁抱她們內心的力量，去實現她們的最大潛能。

——〈馬拉拉於聯合國演講文〉

虛構小說、言情小說

尚未達到文學等級的虛構小說、言情小說，這一類的閱讀目的都是為了娛樂、情緒抒發，我個人極不願意花「長時間」去看一本這類的小說。所以，**我一定是運用十倍速影像閱讀法。**

即使是取材於歷史的小說，我不在乎也不會事後去探究情節哪裡是真？哪裡是假？我僅好好享受故事情節帶來的情緒衝擊。

但若為了打發時間、殺時間，慢慢讀也無不可。

雖然說人生如戲，有時真實人生比虛擬故事還荒謬，但這兩類小說為求戲劇化效果，所描述的多數是人生的特例情況，而非通例，千萬不要將之視為實用性書籍。書中的角度與結論只對故事本身有意義，對讀者來說，千萬不要將作者所寫的角度與結論套用在自己的人生中，否則你就是在自找麻煩。**這個類別只要進行「基礎閱讀」跟「檢視閱讀」這兩個層次即可。**

故事情節的轉折變化，就像股市線圖一樣，可能重要也可能不重要，端看你從微觀還是宏觀來看。

如果從微觀來看，每一個故事轉折帶來的情緒波瀾，就像當沖買賣股票一樣，分分秒秒都很重要。這是「見樹」，也就是內容的骨架。

如果從宏觀來看，故事最早的原因與起點，與最後結果之間的關連性，就像今日股票的開盤價與收盤價，只要知道收紅或收黑就夠了。這是見林，也就是內容的大意。如果我們能簡述情節發展過程，就表示已經掌握了大意。

舉個例子，有本小說講述一個富二代，天真爛漫、衣食無憂地在女人堆裡長大，長大後為了現實因素不能娶自己心愛的女人，而必須娶自己不愛卻很有手腕的女人，來協助打理整個家族事務。結婚幾年後，這個富二代放下一切，遁入空門出家。請問：這個故事名稱是什麼呢？答案就在本章的最後面，想好再翻過去看喔！

有兩本虛構小說，到現在還是我的最愛與最推薦：赫胥黎的科幻小說《美麗新世界》與米爾曼的心靈小說《深夜加油站遇見蘇格拉底》。在步驟一「瀏覽」時，判斷出這是用小說形式表現的論說文，是一本實用性書籍。每個故事的轉折之處，都是為了帶出某一項論點，於是閱讀此書既要微觀也要宏觀。在步驟二「找關鍵字」時需緊扣閱讀目的，時時提醒自己找出實用性的論點，別被迷惑在故事情節中。最後還要進行閱讀的第三層次「分析閱讀」與第四層次「主題閱讀」，才算是深入閱讀。❹

● 範例

❶ 女媧是中國神話中一位人面蛇身的女神，相傳曾摶土造人，並煉五色石以補天。女媧在造人之前，正月初一創造出雞，初二造狗，初三造豬，初四造羊，初五造牛，初六造馬。初七這一天，女媧用黃土和水，仿照自己的樣子造出了一個個泥人，後來覺得進度太慢，於是揮舞一根沾滿泥漿的藤條，點點的泥漿灑在地上，化成了人。她為了讓人類能夠自行繁衍後代，永遠延續，又創制了嫁娶之禮。

——九下康軒版國文，一〇七年

傳記文學、傳記小說

如果當事人過世多年後，因為他的身分太重要了，所以後人開始搜集資訊去撰寫傳記，這一類的傳記真實性就得靠作者的資料完整性來決定。還有一種是自傳，或是當事人授權他人代筆的傳記，例如《雪球：巴菲特傳》，這一類的傳記可信度就得下降點。

傳記是描述某個重要人物的人生故事，就是單一主角的歷史故事，閱讀焦點與歷史相同。不同的是，**我們要讀的不是「他怎麼成功的」，而是要讀「他曾經失敗的事情」**。

畢竟，傳記一定會有錦上添花之處、隱惡揚善之嫌，他的成功經驗肯定有被誇大、被修飾的成分，他的失敗經驗肯定有被縮小、被隱藏的部分。閱讀一段不真實的成功經驗，能給我們的啟發並不真實。**而能寫出來的失敗經驗，肯定有我們值得參考的價值隱藏在內。我會特別仔細閱讀失敗之處**。

最後，如同閱讀歷史書籍一樣，要思考的是閱讀的第三層次「分析閱讀」與第四層次「主題閱讀」：傳記帶給我們什麼樣的人生啟示？

●範例

一 自此聚的錢不買書了，託人向城裡買些胭脂、鉛粉之類，學畫荷花。初時畫得不好，畫到三個月之後，那荷花精神、顏色，無一不像，只多著一張紙，就像是湖裡長的，又像才從湖裡摘下來貼在紙上的。鄉間人見畫得好，也有拿錢來買的。王冕得了錢，買些好東西去孝敬母親。一傳兩，兩傳三，諸暨一縣，都曉得他是一個畫沒骨花卉的名筆，爭著來買。到了十七、十八歲，也就不在秦家了，每日畫幾筆畫，讀古人的詩文，漸漸不愁衣食，母親心裡也歡喜。

——吳敬梓〈王冕的少年時代〉，七下康軒版國文，一〇七年

二 性嗜酒，家貧不能常得，親舊知其如此，或置酒而招之。造飲輒盡，期在必醉，既醉而退，曾不吝情去留。環堵蕭然，不蔽風日，短褐穿結，簞瓢屢空——晏如也。常著文章自娛，頗示己志。忘懷得失，以此自終。

譯 生性喜歡喝酒，但因家境貧窮，不常有酒喝；親朋好友知道這情形，有些人就準備酒來招待他。他一到總是盡情暢飲，希望能喝醉；喝醉了就回家，從不會捨不得離開。房屋四壁，一片空寂，不能遮蔽風雨；穿的是破爛縫補過的粗布短衣，飲食常缺乏不足。但他卻能安然自得。常寫作文章來娛樂自己，很能表達出自己的心志來。不把世俗得意或

失意的事放在心上，就這樣地過一輩子。

——陶淵明〈五柳先生傳〉，七下康軒版國文，一〇七年

三

康肅忿然曰：「爾安敢輕吾射！」翁曰：「以我酌油知之。」乃取一葫蘆置於地，以錢覆其口，徐以杓酌油瀝之，自錢孔入，而錢不濕。因曰：「我亦無他，惟手熟爾。」康肅笑而遣之。

譯

陳康肅氣憤地說：「你怎麼敢輕視我射箭的技術！」老翁說：「憑我倒油的經驗就可以懂得這個道理。」於是拿出一個葫蘆放在地上，把一枚銅錢蓋在葫蘆口上，慢慢地用油杓舀油注入葫蘆中，油從錢孔流入而錢卻沒有濕。於是說：「我也沒有別的祕訣，只不過是手熟練罷了。」陳康肅笑著將他送走了。

——歐陽脩〈賣油翁〉，七下康軒版國文，一〇七年

四

王藍田的性子很急。有一次吃雞蛋，他用筷子刺雞蛋，沒有刺到，便十分生氣，把雞蛋扔到地上。雞蛋在地上旋轉不停，他接著從席上下來用鞋齒踩，又沒有踩到。憤怒至極，又從地上拾取放入口中，把蛋咬破了就吐掉。王羲之聽到這事大笑著說：「假如王安期有這種性子，尚且無一點可取，何況王藍田呢？」

——《世說新語》，八下康軒版國文，一〇八年

五 香港首富李嘉誠從前在茶樓當店員時，就習慣把手錶調快八分鐘，這是為了讓自己提前做好準備。他經過長期努力，事業經營有成，如今雖已八十多歲，仍保持將手錶調快八分鐘，以事先做好準備的習慣。

——〈名人的好習慣〉，九下康軒版國文，一〇七年

六 歌德（西元一七四九～一八三二年）出身法蘭克福的富裕人家，接受良好教育，自幼才學過人。青年時期的歌德在遊學時，結識許多名作家，也接觸一七七〇年代文學界訴求自由抒發個人情感的風潮。《少年維特的煩惱》在西元一七七四年問世，很快便暢銷全歐洲。故事主角維特才華洋溢、多愁善感，不願與庸俗的世界妥協，被視為是將內在的生命力轉化為行動，並對抗虛偽社會的代表。

——九下康軒版社會，一〇七年

社會科學

根據中文維基百科的解釋：「社會科學是用科學的方法，研究人類社會的種種現象。……廣義的社會科學，是人文學科和社會科學的統稱。社會科學起源於西元一九三〇年出版的《社會科學百科全書》（Encyclopaedia of the Social Sciences），其內容包含了社會學、人類學、經濟學、政治學、犯罪學、生物學、地理學、醫學、教育學、心理學、語言學、倫理學、藝術、社會工作學及法律學等與社會科學概論相關的一門學科。」（在台灣，心理學置於理科學院中，並非文科學院中。）

社會科學可以說是系統性的知識，是想要理解人類社會的文化、制度、環境的知識。換言之，社會科學類的書籍常需要**進行第三層次的「分析閱讀」和第四層次的「主題閱讀（比較式閱讀）」**。

有時在討論這些知識時必須加入歷史上或生活上的案例，但歷史案例或生活案例本身並不是科學。也因為必須加入這些歷史案例或生活案例，喜歡歷史與小說的人就會覺得閱讀社會科學的書籍很輕鬆。

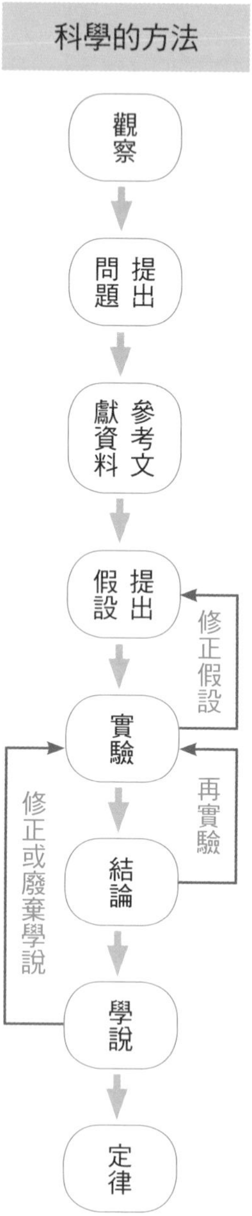

在瀏覽階段，就應該要能判斷出一本書是偏向小說類或是帶有說明性質的論點式文章？論點式文章是偏向理論性的或是著重實用性的？

透過書名，大概就能知道這本書的內容是在「提出觀察」，或是「提出問題」、「提出假設」、「提出結論」，還是在「提出學說」，可以讓我們大略知道這本書是否具備科學性。例如：佐藤寬《謝謝你來當爸爸的寶貝》，從題目你就可以知道這是一本談親子教養的書，從父親的角度出發的，瀏覽作者序或目錄時就可發現作者僅到達「提出觀察」的階段，算是一本小說。

市面上有一類小說是詳細描述或改編真實事件，作者加入很多社會學的觀點，容易誤以為是以小說形式表達的社會科學，**請還是當成是小說來看吧。若是以小說形式表達的社會科學，就是帶有說明文特色的論說文。**

這幾年來，書名是越來越長了，有出版社說「書名越長，銷售越長」，這個理由一聽就知道是開玩笑的，不過真實的理由我也不清楚。[5]

書名越長，對讀者有好處，會更容易讓讀者清楚此書的涵蓋範圍與寫作方向。可讓我們判斷這是不是一本論說文的書，在我們進行影像閱讀時，能使潛意識更精準地掌握重點會落在哪些章節、段落、區塊上。

雖然社會科學書籍中會有許多的歷史案例或生活案例，這個部分讀起來較為輕鬆，但不代表社會科學書籍讀起來很輕鬆喔！我們依然要運用大量的理性分析能力與深入理解書中專有名詞的意義，才能真正看進去。

書名若是「〇〇學」、「〇〇原理」、「〇〇原則」、「〇〇論」，大概就是論說文書籍、社會科學類的文章，跟第五章的心理學書籍的閱讀方式相同，請進行第三個閱讀層次——分析閱讀。

社會科學中的**論說文書籍，我常稱之為論點式的書籍，作者一定會告訴我們一到數個論點，又可分成理論性與應用性**。

強調理論性的社會科學書籍，會將寫作焦點放在「明白或了解〇〇事情」，描述普遍且必然的本性，強調本質；不強調如何運用、效用如何、結果好壞等實用性。瀏覽作者序、推薦序、前言時，可以見到作者表示「〇〇是什麼」、「〇〇不是什麼」，強調〇〇事情是真實的、〇〇事情是事實，但不會強調〇〇事情是好是壞。

強調應用性的社會科學書籍，則是將焦點放在「可達到○○成效的○○作法」，本書就是重應用性，輕理論性的書籍。瀏覽作者序、推薦序、前言時，見到作者表示「A做法比B做法好」，或是出現「應該」、「理應」、「應當」、「結果」、「○○是對是錯的比較」、「○○是好是壞的比較」，以及書中若強調「應該做到○○事或○○行為會讓人更好」，就可歸為應用性書籍，**本書就是屬於這一類的應用性書籍。**

進行閱讀的步驟一「瀏覽」時，務必瀏覽完目錄、作者序、推薦序、前言，就能快速分辨一本書是理論性或是應用性，這能幫助潛意識判斷要往哪個方向去搜尋重點。

社會科學書籍的目錄，也是作者在規畫此書主題的腦中藍圖，擅長規畫藍圖的作者，代表其思考邏輯力強，這本書的可閱讀價值就提高了。若目錄架構明顯比較複雜，代表此書內容的縝密性與完整性較高。

閱讀就是一種思考。從讀不懂、讀不通，到讀懂、讀通，就是一種進步。書籍就是老師，你要從老師身上學到什麼知識呢？或是你要學到什麼思考能力呢？如果設定的閱讀目的在於「深入研究理論」，那我們在瀏覽偏應用性的論點式書籍時，就應該知道那本書並不吻合閱讀目的，能提供給我們「現階段想獲得的」科學理論並不多。

有些應用性的社會科學書籍，算是「作者因體驗而得出的建議」，閱讀時務必要拋開讀者自己的原本成見，先將自己投入到作者的文字中。例如《不思考的練習》是日本和尚小池龍之介所寫，如果讀者因己身宗教因素而帶著雞蛋裡挑骨頭的角度去閱讀，那真的就很難進入文字所帶來的平靜感。

曾在網路上見過幾篇對某本應用性書籍或實用性影片留下的評論，表示某本書或某影片沒有寫出或說出科學理論根基，所以是沒有價值或不值一看的書籍或影片。寫下這些負面評論的人們，肯定是不懂得如何真正去閱讀或學習的人。（又或是那種只看書名或簡介就開始評論起一本書的斷章取義者？）

我們要從書中獲得某種資訊與洞察力？還是要從書中獲得某種理解力與行動力？在閱讀社會科學書籍或文章之前，千萬、務必、絕對要先劃分清楚，這是「應用性」還是「理論性」的內容？因為兩者的著重之處差異頗大。

但是，現在每個人都在跨界，面對自己過去從未接觸過的知識領域，**絕不可只從書名來判斷，一定要瀏覽完目錄、作者序、推薦序、前言再來區分。**我知道現在很多社會科學書籍都很難只歸屬於某一類的知識領域，以「行為經濟學」來說，雖根源於經濟學，又牽涉到許多心理學。（不管是經濟學或是心理學都屬於理論性內容。）

有時，同一個生活現象，分別有自然科學家跟社會科學家分頭進行研究。瀏覽目錄、作者序、推薦序、前言時，也可以幫我們先弄清楚作者的切入點。例如：動物的生存目的是為了繁衍下一代，目的是讓基因永續留存。近親繁殖容易產生遺傳性疾病，對自然科學家來說，早夭讓基因無法永續留存，正是淘汰無法適應環境的不良基因的方式，所以近親繁殖會弱化族群的生存力。但是近親繁殖對社會學家來說，不管留下的這個基因是不是無法適應環境的不良基因，總之它就是我的基因，對於鞏固族群的權力有幫助。

報紙、雜誌也是社會科學喔，畢竟記者在描述誰在何時何地發生什麼事情，為什麼會發生時，都會加入自己的思考角度、評論、分析，已經不是單純地描述事實而已。（再度提醒，事實不等於真相喔！）

有時小說家也會跨足進來，《達文西密碼》的作者丹．布朗，會考究小說中的時代背景與社會事件，也會將當時社會的經濟、政治等議題融入小說中，但不會有人把《達文西密碼》當成是社會科學來閱讀。

我們常以為對某事物的熟悉度越高，就代表我們對它的理解度越高。這真是一個大盲點啊！（你敢說天天相見的枕邊人或小孩，你對他們皆是百分百的理解嗎？）社會科學書籍中的舉例、探討的話題以及所用的專有名詞或術語，可能大家都是耳熟能詳，讀起來好像很輕鬆，卻很容易產生誤解。專有名詞有時會被亂用或濫用，前面章節已經提過，這部分不再重述。

● 範例

一　「指事」，是用簡單的符號來表示某些概念。例如：「上」是先畫一長畫來表示基準線，再用一短畫來表示基準線上方的事物，以表達出「上」的概念來；而「下」也是運用相同的原則來表達。

指事是用來表示抽象的「事」，而象形字則表示具體的「物」。

——七下康軒版國文，一〇七年

二 筷子最早稱為「箸」，為什麼後來又叫筷子呢？據說在中國江蘇一帶水運發達，古人操舟都希望快去快回，而途中吃飯時一定會提到「箸」字，但「箸」和「住」同音，似乎船就會因此停「住」，如此一來，船家便無法做生意。此外，「箸」與「蛀」也同音，船家也會怕船被「蛀」了，因為木船一旦蛀了就會進水沉船。因此，為了避諱此音，就用「快」的同音字「筷」來代替，以圖吉利。

——七下康軒版國文，一〇七年

三 小篆是秦代統一的字體，繼承了籀文而加以簡化。由於它的線條圓轉曲折又不會太複雜，富有藝術美，所以私人或政府機關的印章仍然沿襲使用。許慎《說文解字》共完整保存了九千三百五十三個小篆。

——七下康軒版國文，一〇七年

四 行書是介於楷書和草書之間的一種字體。行書是將楷書稍加連綴而成，比楷書簡便，比草書容易辨認，曾有人比方：楷書如人的站立，行書如人的行走，草書如人的奔跑，正可以說明這三種字體的不同屬性。世人普遍認為王羲之的行書寫得極好，其中〈蘭亭集序〉堪稱極品。

——七下康軒版國文，一〇七年

五 個人不能離開群體獨自生活，在社會生活中，每個人同時扮演許多角色。社會對各種角色所應表現的行為，會有不同的期待。由於每個人都扮演不同角色，如果社會對不同角色間的行為期待不一致，個人出現無法協調的狀況，就可能發生「角色衝突」。在自我成長的過程中，個人藉由社會化歷程，透過與他人互動，學習與自己有關的角色，表現符合社會期待的合宜行為，才能融入社會，成為社會的一份子。

——七下康軒版社會，一〇八年

六 衝突不一定都是負面的，如果衝突雙方能仔細聽取對方的想法，正視問題，理性溝通與協調，謀求解決之道，反而更能改善團體成員間的互動關係，達到雙贏結果。

——七下康軒版社會，一〇八年

七 倫理道德是指人與人之間相處的應對進退之道，以及判斷是非、善惡的標準。例如：傳統社會較重視偏私德的五倫關係，故為人子女要孝順父母，不可以頂撞父母；隨著公領域的擴大，現代社會更進一步強調重功德的第六倫，甚至發展出重視人與自然環境的環境倫理等觀念。

——七下康軒版社會，一〇八年

八 非正式社會規範無外在的強制力，比較強調靠個人內在良知來約束外在的行為，但因每個人對是非善惡的認知標準不同，所以國家會針對社會最低限度之行為標準制定法律，並以公權力強制執行。雖然法律能約束外在行為，但無法規範內在思想，仍須透過非正式規範啟發人的良知；因此，單靠法律來維持社會秩序是不夠的，各種社會規範互相輔助與配合，才有助於社會穩定發展。

——七下康軒版社會，一〇八年

九 「次文化」並非次等的文化，而是指與主流文化有所差異的特殊文化。因此，主流文化與次文化並存是現代社會普遍的現象；有時次文化甚至會搖身一變成為主流文化，例如：嘻哈（Hip-hop）音樂一開始起源於美國的紐約，僅盛行於非裔美國人的群體中，如今已發展成為全球流行音樂的主要類型之一。

——七下康軒版社會，一〇八年

十

隨著工業化及都市化的發展，導致弱勢群體無法與他人公平競爭，其權益受到忽視或剝奪，甚至惡化成「貧富差距」的問題；再加上偏遠地區與都會地區也會因為教育、就業或醫療的資源分配不均，而形成「城鄉差距」的問題。——七下康軒版社會，一〇八年

十一

「人口紅利」指十五～六十四歲人口佔總人口的比率較高，可以提供充足的勞動力及消費力，有助於經濟成長。有人主張比率若低於百分之七十即代表紅利關閉。我國尚處於紅利階段為百分之七十三點四，但推估六年後人口紅利變要關閉，區時台灣將面臨勞動力不足，影響生產活動，以及消費力下降導致經濟成長停滯的問題。

——中時電子報主筆室社論〈我國人口推估報告裡的五大隱憂發生之後〉，二〇一六年九月十八日

十二

「財產關係」指因買賣、租賃、借貸等行為所產生的權利義務關係，簡述如下：

1. 買賣：指出賣人將特定的物品移轉給買受人，而買受人支付金錢給出賣人的一種契約。
2. 租賃：指雙方約定，出租人將物品租給承租人使用，而承租人支付租金的契約。
3. 借貸：是出租人將金錢或借用物交付借用人使用後，借用人依約返還金錢或借用物的契約。

訂定契約，不論以口頭或書面的方式皆可。契約成立後，即產生債權、債務的關係，雙方必須依約履行互相之間的權利和義務。

——八下康軒版社會，一〇八年

十三

遺產繼承：繼承是指在一定親屬之間，因一方的死亡，由繼承人承受被繼承人財產上的一切權利與義務。我國民法規定的繼承制度是以限定繼承為原則，另外，也可以選擇拋棄繼承。

- 限定繼承：繼承人對於被繼承人之債務，僅須以所得遺產來償還。
- 拋棄繼承：繼承人可在知道繼承之時起三個月內，以書面方式向法院聲請「拋棄繼承」，放棄繼承財產的權利與義務。

——八下康軒版社會，一〇八年

十四

滿七歲而未滿二十歲的未成年人，已具有相當的知識經驗與判斷能力，因此，民法特別規定，下列行為不必得到法定代理人的同意，也具有法律效力：

- 單純得到利益的行為，例如：接受無償贈與（獎學金、收受生日禮物等）。
- 按照年齡及身分，日常生活所必需的行為，例如：買文具、搭捷運、看電影。

——八下康軒版社會，一〇八年

十五 侵權行為是指「因故意或過失，不法侵害他人之權利或利益之行為」。此時，侵權行為人（加害人）對受害人所造成的損害，要負起損害賠償的責任。損害賠償的方法是以回復原狀為原則，若無法回復原狀，則應以金錢賠償。例如：毀損他人之物，應予修復；無法修復，則以金錢賠償其傷害。

——八下康軒版社會，一〇八年

十六 妨害名譽罪：

- 公然侮辱罪：在公開場所或以公開的方式，用不雅的言詞或行動侮辱他人，就構成公然侮辱罪。例如：用髒話對別人進行人身攻擊。
- 誹謗罪：散布足以毀損他人名譽的事情，例如：在班上或網路留言板散布學校附近飲料店製作過程不衛生的謠言，即有可能觸犯誹謗罪。另外，即使是事實，僅涉及私德而無關公共利益者，例如：到處散播某人是花光祖先遺產的敗家子，亦構成誹謗罪。

——八下康軒版社會，一〇八年

十七 著作的使用，若是為了公益、學術研究等目的，在不影響著作權人利益或名譽的情形下，可以適度使用他人的著作。

對於文章、漫畫或音樂等因發揮創意而完成的創作，創作人原則上享有著作權，未經著作權人同意，超出合理使用範圍而轉寄他人文章，或是下載音樂，就侵害他人的著作權，會受到刑罰的處罰。

——八下康軒版社會，一〇八年

十八

當強勢文化以豐厚的經濟實力為後盾，透過商業行銷、媒體宣傳等方式傳播至各地時，弱勢文化經常不自覺的接受其價值觀念，因而對傳統文化產生認同危機，甚至導致本土文化逐漸式微，不利全球文化多樣性的發展。

——九下康軒版社會，一〇七年

十九

每一個國際組織都有其成立的宗旨與功能，歐盟最早是從貿易體系開始，最後轉變為讓歐洲更為緊密結合的經濟與政治聯盟。國際組織通常會訂定許多會員國必須遵守的規範以達成組織的目標，這些目標或規範有時候可能與某些會員國的國家利益發生衝突，進而引發會員國之間的爭執或組織分裂，英國脫歐即是一個明顯的例子。

——九下康軒版社會，一〇七年

二十

由於撒哈拉沙漠的隔絕，非洲南北在族群與文化上有很大的差異。撒哈拉沙漠以北，早期與歐洲的古希臘、羅馬文明互動頻繁，後來與西亞交流密切，呈現多元文化特色，目前居民以阿拉伯人為主，通用阿拉伯語、信奉伊斯蘭教。撒哈拉沙漠以南，居民以黑人為主，分成許多不同的族群，有不同的語言、宗教信仰和風俗習慣。

——九下翰林版社會，一〇七年

廿一

目前全球最大的跨國勞工來源地，主要為南亞、東南亞，工作地點以西亞石油生產國與東亞、東北亞等工業國家為主。

以南亞的印度為例，近年來有許多過剩的勞工到西亞工作；而受高等教育的科技人才，則受高等教育的科技人才，則受聘到美國矽谷高科技工業中心工作。

——九下翰林版社會，一〇七年

廿二

昔日西北航道長年冰封，只有具備破冰裝備的船隻，才可能通過海域。近年來，由於地球暖化，西北航道的浮冰加速融化二〇〇七年，歐洲太空總署發現西北航道浮冰減少，在夏季可以容許船隻通航。浮冰若繼續融化，預計最快二〇二五年後，西北航道全年皆可通航。

——九下翰林版社會，一〇七年

廿二 每年全球有百萬噸的塑膠垃圾流入海洋，這些塑膠受到海流級風浪的衝擊，會變成更細小的塑膠顆粒，當其大小至五公厘，則被稱為塑膠微粒。塑膠微粒除了本身會釋放化學物質、毒害生物之外，也因為體積小而容易被吞食，並透過食物鏈而在人體累積，引發癌症或畸形等疾病。

——九下翰林版社會，一〇七年

最後，列出台灣目前普遍使用的「中文圖書分類法」，讓大家參考「社會科學類」究竟包含了哪些主題的書籍。

5 社會科學類

- 500 社會科學總論
- 510 統計
- 520 教育
  - 521 教育心理學；教學；課程
  - 522 教師及師資培育
  - 523 初等教育
  - 524 中等教育
  - 525 高等教育
  - 526 教育行政
- 530 禮俗
- 540 社會學
- 550 經濟
- 560 財政
  - 561 貨幣；金融
  - 562 銀行
  - 566 地方財政
  - 567 租稅
  - 568 關稅
- 570 政治
- 580 法律
  - 581 憲法
  - 584 民法
  - 585 刑法
  - 586 訴訟法
  - 587 商事法
  - 588 行政法
- 590 軍事

●牛刀小試2

七 讀書原為自己受用，多讀不能算是榮譽，少讀也不能算是羞恥。讀的書當分種類，一是為獲得現世界公民所必需的常識，一種是為做專門學問。為獲常識起見，目前一般中學和大學初年級的課程，如果認真學習，也就很夠用。所謂認真學習，熟讀講義課本並不濟事，每科必須精選三五種來仔細玩索一番。常識課程總共不過十數種，每種選讀要籍三五種，總計應讀的書也不過五十部左右。這不能算是過奢的要求。一般讀書人所讀過的書大半不止此數，他們不能得實益，是因為他們沒有選擇，而閱讀時又只潦草滑過。

記憶力有它的限度，要把讀過的書所形成知識系統，原本枝葉都放在腦裡儲藏起來，在事實上往往不可能。我們必須於腦以外另闢儲藏室，把腦所儲藏不盡的都移到那裡去。這種儲藏室在從前是筆記，在現代是卡片。記筆記和做卡片有如植物學家採集標本，須分門別類訂成目錄，採得一件就歸入某一門某一類，時間過久了，採集的東西雖極多，卻各有班位，條理井然。這是一個極合乎科學的辦法，它不但可以節省腦力，儲有用的材料，供將來的需要，還可以增強思想的條理化與系統化。預備做研究工作的人對於記筆記做卡片的訓練，宜於早下工夫。

——朱光潛〈談讀書〉

測驗題七

1. 閱讀書籍的數量，不管多或少其實都沒有關係，重點要先掌握讀書的目的。**請作答：□是　□否**
2. 普通情況下，要具備成為世界公民的常識，大約要讀五十本書左右。**請作答：□是　□否**
3. 寫筆記的目的，不可以是為了彌補記憶力的不足。**請作答：□是　□否**
4. 有心要成為研究工作者的人，其實不一定要學會寫筆記。**請作答：□是　□否**

八

更有功效的讀書法，是再讀。就是將已經加了下線的書籍，來重讀一回。顏色鉛筆的下線或側線法，是最為普通的讀書法。而在那上面，寫上批評，讀後先將那感想在腦裡一一溫習，幾個月之後，再取那書，單將加上紅藍的線的處所，再來閱讀，彷彿也覺得是省時間，見功效的方法。

——魯迅〈讀書的方法〉

測驗題八

1. 使用色筆在書上畫重點，可以節省以後重讀書籍的時間。**請作答：□是　□否**
2. 直接在書本上寫眉批，可以節省以後重讀書籍的時間。**請作答：□是　□否**

九

教科書分為兩種性質，一種是屬於一般的科學的，有嚴密的系統，一種是屬於語言文字的，沒有嚴密的系統。我又曾說過，屬於一般科學的該偏重在閱，屬於語言文字的，只閱不夠，該偏重在讀。一部書可以含有兩種性質：書本身有著內容，內容上自有系統可尋，性質屬於一般科學；書是用語言文字寫著的，從形式上去推究，就屬於語言文字了。算學教科書，當然是屬於科學一類的，但就語言文字看，也未始不可為寫作上的參考模範。算學書裡的文章，樸實正確，秩序非常完整，實是學術文的好模樣。這樣看來，任何書籍都可有兩種說法，如果就內容說，只閱可以了，如果當作語言文字來看，那麼非讀不可。

國語科，就是學習語言文字的一種功課；把本來用語言文字寫著的東西，當作語言文字來研究，來學習，就是國語科的任務。所以我只講一般的閱讀，不把國語科特別提出。這層請諸位注意。

把任何的書，從語言文字上著眼去學習研究，這種閱讀，可以說是屬於國語科的工作。閱讀通常可分為兩種，一是略讀，一是精讀。略讀的目的在理解，在收得內容。精讀的目的在揣摩，在鑑賞。

——夏丏尊〈閱讀什麼和怎樣閱讀〉

測驗題九

1. 語言文字的教科書，重點在閱。**請作答：□是　□否**
2. 教科書通通可以用一般科學角度與語言文字角度來進行閱讀。**請作答：□是　□否**
3. 精讀教科書的目的在於理解，要能鑑賞。**請作答：□是　□否**

十

不管學什麼專業，不博就不能全面，對這個專業閱讀的範圍不廣，就很像以管窺天，往往會造成孤陋寡聞，得出片面褊狹的結論。只有得到了寬廣的專業知識，才能融會貫通，舉一反三，全面解決問題。不專則樣樣不深，不能得到學問的精華，就很難攀登到這門科學的頂峰，更不要說超過前人了。博和專是辯證的統一，是相輔相成的，二者要很好地結合，在廣博的基礎上才能求得專精，在專精的鑽研中又能擴大自己的知識面。

不管別人介紹多少念書經驗，指出多少門徑，但別人總不能替你念，別人念了你還不會，別人介紹了好的經驗，你自己不鑽研、不下工夫，還是得不到什麼。而且別人的經驗也不見得就適用於自己，過去的經驗，也不一定就適用於今天，只能作為參考，主要還是靠自己的刻苦努力。

讀書的時候，要作到腦勤、手勤、筆勤，多想、多翻、多寫。

——蔡元培〈我的讀書經驗〉

測驗題十

1. 一定要深度與廣度兼具，才能達成專業領域的閱讀。不管是先深度再廣度，還是先廣度再深度，其實都可以。**請作答：□是 □否**
2. 專業領域的閱讀，「做到」比「知道」更重要。**請作答：□是 □否**

十一

閱讀的確是一個複雜的過程，但是我們可以透過比較來達到我們的目的。瞭解內容，獲得印象，僅僅完成了閱讀過程的一半，就此止步是不行的，要想從閱讀中得到充分的收穫，還必須作為進一步的思考和判斷。

總之，讀書有兩個步驟，第一步是盡量敞開你的胸懷，來容納作者給你帶來的無數印象；第二步是比較與判斷。第二步比第一步複雜得多，困難得多，你必須曾經作過廣泛的閱讀，有充分的理解力和很好的記憶力，才有可能進行生動有力的比較。更難的是對作品作出確切的評價，指出它的失敗與成功，哪一部分是它的優點，哪一部分是它的缺陷。一個讀者如果想要擔負起這樣的職責，非得有深刻的洞察力，豐富的想像力和淵博的學識不可。

當我們貪婪地翻閱了各種書籍諸如詩歌、小說、歷史、傳記之後，經過時間的孕育和對現實世界的體察，會逐漸出現變化，我們不再那麼食多不化，而變得更善於分析思考，不僅能評價一本書，而且能發現某些書之間的共性和差別，這時候，這種鑑賞能力就會引導我們前進，去尋找自己所需要的書，在同一類的作品中區別高低優劣，由此獲得更高雅的享受。

——弗吉妮亞．伍爾芙〈我們能從書中獲得些什麼呢？〉

測驗題十一

1. 閱讀要能做到進一步的思考與判斷，一定要做「比較」才行。

請作答：□是　□否

2. 讀者若想要對一本書做出確切的評價，應該要具備洞察力與想像力。

請作答：□是　□否

3. 對於歷史類的書籍，最終要建立起一種高雅的閱讀享受，一定要建立分析思考的能力。**請作答：□是　□否**

十二

有些讀者喜歡在閱讀時畫線作記號，但我在再次讀到這本書時，畫線的地方會使我想起第一次閱讀時的感想，就很難有新的發現與啟示，倒是不畫線時會使人產生新鮮的感覺和印象。我的習慣是在閱讀時做索引，先記下頁碼，再簡略地寫出提要與見解，在第二、第三次重讀時，我會把索引的內容擴充幾倍。我的私人藏書大部分有這樣的索引，當我需要查找有關論述時，就能很快翻到正確的頁數。

用這種方法去利用一本書，並且年復一年不斷地加以利用，那當然必須購置自己的藏書。

即使對於那些嗜書成癖的讀者，我還是要勸你們至少每隔二年得清理一下藏書，淘汰那些過時的沒有參考價值的讀物，毫不猶豫地把你不想再讀的書棄之如敝屣。要是你清楚地看到這種淘汰過程將不斷繼續下去時，就會懂得如何把錢花在對你最有用的書上，你只要花幾塊錢，就能開始擁有自己的藏書，先買一些廉價版的好書或整潔的舊書，至少每月一本，但絕不要去買你眼下不會去讀的書，如果把書籍作為裝飾品，只是供別人參觀，對你是莫大的損失。培養讀書的興趣，將使你終身獲益。

——約翰．厄斯金〈書籍的購置〉

測驗題十二

1. 在書本上畫重點，總是優於另外寫具備索引功能的筆記。**請作答：□是　□否**
2. 花錢買書，比較能讓你好好地運用一本書，只要每隔兩年清理一下書籍就好。
請作答：□是　□否
3. 目前還不會想要閱讀的書，就不要買回家。**請作答：□是　□否**

雜誌書、文摘、懶人包

首先要先釐清一下，雜誌書，並不是雜誌。

為了幫助忙碌的大眾省卻一些閱讀時間，雜誌書熱賣了！一家專做雜誌書的出版社說：「雜誌書就是為了讓人能在兩小時一口氣就讀完的，所以字越少越好，圖要大，圖要多。」

近幾年，超商書架上雜誌書佔的架位已經超過雜誌了。書頁尺寸跟雜誌一樣大，印刷紙張比雜誌厚，跟雜誌一樣圖文並茂，但是頁數比雜誌少，設定在兩個小時內就能閱讀完畢的文字量。一本書中匯聚了各類型主題的文章，多以應用性文章為主，佐以少數的論點性文章，是《讀者文摘》的紙面尺寸放大版，但雜誌書的廣告頁極少。

相較於一本書，雜誌書的價格低廉到會吸引對價格敏感的讀者，整本厚度輕薄到會吸引閱讀時間無法超過兩個小時的讀者，**內容簡略到會吸引閱讀能力不足的讀者。**這類書籍的目錄並不重要，僅具索引功能，不具備閱讀步驟一「瀏覽」時所要求的功能性。有些雜誌書甚至就乾脆拿掉了目錄。

雜誌書跟《讀者文摘》是一樣的類型，摘錄或摘要某本書的內容，畢竟是濃縮後的精簡版，勢必會有遺珠之憾，頁數的濃縮比例越大（500頁濃縮成10頁，跟500頁濃縮成2頁，後者的濃縮比例較大），遺漏的珍珠也就越大顆或越多顆。

對於閱讀目的僅在「打發時間」或是「知道大概在講什麼就夠了」的人來說，純為了獲得資訊而閱讀，看完這份摘要也差不多就行了。畢竟雜誌書編輯已經幫我們做到了這一段的功課。但是，切記，雜誌書的編輯本身閱讀能力的高低，關係到摘要出來的品質。

但畢竟雜誌書是第二手甚至是第三手以上的資料了，想要進行閱讀的第三層次「分析閱讀」跟第四層次「主題閱讀（比較式閱讀）」者，絕不會甘於僅僅閱讀摘要，會再找出原書籍來好好享用一番。

雜誌書有些會像書籍上的參考書目一樣，會**直接寫明這篇摘要是蒐集哪幾本書的內容彙整而來**，我喜歡這種負責任的編輯。但有些雜誌書完全不寫資料蒐集來源，甚至會張冠李戴地將甲書中的內容與乙書中的作者結合。或是將觀念拆解成破碎片段，讓人誤以為原書的內容不過爾爾。

說個題外話，**網路懶人包就是一種文摘。**我個人從不看懶人包，也絕對不會全然相信懶人包內容，因為**我不知道對方到底刪減掉什麼，說不定被刪減掉的部分才是最重要的地方。**尤其是社會事件的懶人包，製作者肯定有其想訴求的個人意見（或個人偏見），在編輯懶人包內容時或多或少會埋入這些「史觀」的。但是懶人包的製作者是誰，懷抱著什麼樣的動機，並不容易看得出來。

哲學

科學與哲學，都是從觀察並提出問題開始的。

這是一項大領域，因為哲學主要在探討這三個問題：「我是誰？」「我從何而來？（我的人生意義）」「我要去哪裡？（我的人生目的）」。

大多數的人是無法運用影像閱讀法在哲學書籍上的。過去就很喜歡閱讀哲學書籍的人，因為腦中的背景知識量有一定的質與量，就能很輕鬆地使用影像閱讀法來閱讀哲學。

從這三個問題，就可以延伸出無窮盡的大大小小人生問題。**心理學跟哲學一樣，都是沒有標準答案的領域，總存在著因人而異、因文化而異、因時空而異的議題。**（心理學的閱讀方法請見第五章）

哲學跟科學很相似，想要找到一種普遍性的，而非曾經發生過的特定性。但哲學家的切入角度跟科學家不同，所得到的解決方法自然就會不同。

古人的科學能力有限，常會將觀察大自然萬物的變化做為思考的主題，我這裡沒有貶抑《易經》的動機，《易經》六十四卦中的部分內容正是描述自然界的變化，有些描述在現代科學家看來是不太科學的。近百年來的國中小科學基礎教育中地球科學部分，都有一定的水準，我想現在應該沒有人會將《易經》當成是認識世界的科學書，但可以將《易經》當成是了解古人世界觀的哲學書來閱讀。（孔子所下的註腳當然更是哲學囉。）

哲學書所講述的內容，多數是我們個人在日常生活很容易就能接觸到的經驗、證明，不需要像達爾文等科學家一樣必須得透過多年的觀察、用超乎平常人經驗的研究才能得到的證明。**科學書則常會提到一些多數人都不容易經歷過的經驗**，如太空旅行、成年割禮。

哲學書所表述的問題或內容雖然多數是人類的共同經驗，但哲學書尋找的答案，是很難三言兩語地輕易描述的，例如道德是什麼。

哲學本身就是一種思考，哲學書會描述出思考過程，思考過程要符合邏輯。**哲學可謂是一種思考上的運動，要不斷地動腦、動腦、再動腦，一層一層地分析下去。我們要從哲學上學習的就是這一層又一層的「思考過程」。**

《論語》的孔子跟柏拉圖《對話錄》中的老師蘇格拉底，是年代相近的思想家，表述方式差異很大。《論語》就跟現在中國教育一樣，老師負責解答，學生等待答案。《對話錄》中的蘇格拉底老師則負責逐步提問，學生負責逐步逼進答案（近似數學的逼近法）。我猜想這兩人算是定了東西教育的基本模式了吧？

《論語》常只「點」出結論，讀起來好像什麼都明白了，很具有一種茅塞頓開的感覺。《論語》沒有描述出孔子心中那反覆邏輯思辨的推論過程，所以學校老師也常要我們當成是格言佳句來背誦（換言之，直接背下孔子說的解答就對了），對學生來說，好像從《論語》上學到了許多（結論），又好像什麼（思考）都沒有學到。

古代西方的哲學書籍，有點像是自問自答的方式，作者先寫出正在思考的問題，再寫出自己思考後的答案，我們要仔細跟緊作者的每一個問題與解答，像騎腳踏車環島旅行時不停地忍著各種不舒服一樣。

如果我們閱讀該本哲學書時，遇到有點思考挑戰之處，或是作者的文字出現讓我們情緒不舒服之處，就像騎腳踏車環島途中取巧換搭高鐵或是保母車的人一樣，直接跳過那段不舒服的過程，那我們閱讀該本哲學書時的思考旅程就會變得不完整且徒具形式。

好的學習經驗，是來自共同經歷且互補的過程！有些哲學書籍會先提出問題，再表述其他多種看法，作者一一評論這些看法，最後總結出作者自己的觀點。作者本身在邏輯思考中的歸納法的能力要很強，閱讀書中的思考過程令人感到過癮！

有一種哲學書的寫作方式很類似描述科學原理的書，例如數學的幾何學，有三角形跟圓形，我們可以略過圓形不看，也不影響理解三角形。這一種哲學書，跳過某些章節不看，也不太會影響理解其他章節。換言之，所探討的理論並不具備連貫性，可以進行跳讀或略讀。

閱讀哲學書時，務必要拋開成見！換言之，沒有「我自己的固有想法」（別插嘴），先探尋「作者的說法」（聽人家把話說完）。整理完作者的整個思考脈絡後，再融入自己的想法，不這麼做的話，很容易用自己的成見去拆解作者的想法。

二〇一七年的台灣出版市場，出現了類似科普概念的「哲普」（這是我隨意取的名稱，不是正式的分類，更不是動漫海賊王裡面的角色），形成短暫的小風潮。這類書籍跟科普書籍很不一樣，不能用科普的概念來看待。

雖然「哲普」也是在探討可以普及性且一般性的經驗所導引出的思想，但閱讀「哲普」書籍要很小心，畢竟那是作者自己的經驗所找到的思考觀點，別照單全收，要仔細用邏輯方法或科學方法去反覆論證作者的觀點，才不會流於人云亦云。

哲學書籍也分成論說性的、實用性的。論點性的哲學書籍，第一步是——讓我們知道這是怎麼一回事，算是發現問題、理解問題、說明問題。有時哲學書會進行到第二步——讓我們明白如果我們要做些什麼的話，那麼可以如何運用這項論點，這就偏向於實用性的哲學書了。（但別忘了剛剛才講過的，實用方法會因人而異、因文化而異、因時空而異。）

切記，哲學書籍需要大量使用我們腦中的抽象語詞能力與理性能力。讀起來是耗費心神的，可能需要一讀再讀，或是讀完後自覺不足再去尋找相關主題的哲學書籍，或是讀完後需要放下幾個月的時間再重新閱讀一次。**再強調一次，對大多數的人來說，哲學書籍很難進行影像閱讀法的。**

有些作者會先提出一個大多數人在生活經驗中習以為常到認為「絕對就是這樣」的論點，再進行一連串的思考，最後得出的結論跟一開始提出的假設一模一樣。**閱讀哲學書的過程，即是一段思考的旅程，所有的變化都發生在自己的腦中**，讀完後，可能你的周遭也不會有什麼改變。所以，平時就喜歡將閱讀目的設定在實用性的讀者，通常不會喜歡哲學書。還有，每天在生存上忙得焦頭爛額的工作者，通常也不會喜歡閱讀哲學書。

最後，一樣列出「中文圖書分類法」中的「哲學類」讓大家參考，這個類別究竟包含了哪些主題的書籍。

1 哲學類

- 100 哲學總論
- 110 思想學術
- 120 中國哲學
- 130 東方哲學
- 140 西洋哲學
- 150 邏輯學
- 160 形上學
- 170 心理學
    - 173.1 兒童（青少年）心理學
    - 173.2 青年心理學
    - 173.3 成人心理學
    - 173.5 老年心理學
- 180 美學
- 190 倫理學
    - 192.1 個人倫理；修身（生涯規劃）
    - 192.3 修養；社交禮儀

宗教、神學

宗教主要探討的三個問題，跟哲學是一樣的。只不過是從獨立於「人」本身以外的角度來解說、解答。從經書經文中，可以看出該宗教的教義。但宗教的核心或根本，是來自於「相信」，必須先全然相信這個宗教內的一切（信仰），才能讀好經書經文的論述。全然的相信，就是虔誠。

一神論者去閱讀多神教的書，跟多神論者去閱讀一神教的書，都不可能把那本神學書讀好，無形中必定會加入自己的觀點去解讀該書的論述與論述過程，或是僅部分同意或接受該書的原則。

全然的相信經書經文帶來的論述後，就要全然的依照論述去執行這些論述。讀很重要，做到更加重要。

除去經書經文之外，**有時作者是引用某些教義做為論述的前提，而作者論述的邏輯非理性或是推論過程不夠周詳，這樣所引導出的結論，並不能相信。**這種現象在宗教團體的日常傳教活動上，算是很常見到。曾聽過幾次大型、小型、微型的宗教團體成員，到處大肆宣傳把團體內的某人遇到一場輕傷的車禍，不約而同的歸功於師父的法力無邊或神的神蹟出現，才將某人的大難化為小難。（有些團體成員還會加碼地說，如果沒有師父或神的保護，某人的災難必定會更大，所以一切都是師父慈悲或神的愛降臨某人身上）

一個沒有深入閱讀過該宗教經書經文的人，要能從宗教書籍中與宗教活動中分辨作者與講者的論述是否可信，是很困難的。通常就是人云亦云地不斷地「迷信」下去。

合約書

因為簽了字，就不能反悔，所以很多人以為合約書不能進行影像式閱讀。別忘了，之前第三章提到過——有時正是讀得太慢，一個字一個字緩慢地閱讀，才會搞不清楚文字的意涵。

進行步驟一「瀏覽」時，應該要快速閱讀，掌握整份合約書的大概意思，理解合約書的結構、邏輯、主要觀點；進行步驟二「找關鍵字」時關注每一段的主要思想，第三次閱讀（重複重點），用查核的眼光來精讀，仔細研究文字細節，例如副詞或是標點符號會不會改變了某些條款的範圍，尋找可能出現的陷阱。

測驗題解答

● 第179頁的解答：《紅樓夢》。

● 「牛刀小試」解答

測驗題一　1.：是。2.：否。3.：是。

測驗題二　1.：是。2.：是。3.：是。

測驗題三　1.：是。2.：是。3.：是。

測驗題四　1.：是。2.：否。

測驗題五　1.：是。2.：是。3.：否。

測驗題六　1.：是。2.：否。

測驗題七　1.：是。2.：是。3.：否。4.：否。

測驗題八　1.：是。2.：是。

測驗題九　1.：否。2.：是。3.：否。

測驗題十　1.：是。2.：是。

測驗題十一　1.：是。2.：是。3.：是。

測驗題十二　1.：否。2.：是。3.：是。

註

❶ 買二手書的人，都不喜歡買到畫了重點的書，因為不想被前一位讀者的標記影響了自己的閱讀。故想販售二手書的讀者，肯定會反對在書上畫重點。但我們買書的主要目的，應該不是為了要賣二手書吧？為了賣二手書取得好價錢，就勉強自己用低效率的閱讀方法與筆記方法，這不是本末倒置嗎？我也賣過二手書，不管你的書維持得再好，二手書商的收購價都很低，低到讓人覺得乾脆捐贈算了。如果你為了賣好一點的價錢而改在網路上自己販賣二手書，你又得花費時間成本去處理，還是得不償失。人生過得簡單一點，你會自由很多。買書的目的是要吸收書中內容，吸收完畢，這本書就得功成身退，我會直接郵寄到偏鄉圖書館捐贈（你也可以直接拿到任何一間住家附近的圖書館），不會為這本對我來說已經利用殆盡的書，再花費格外的時間去處理。

❷ 你千萬別把這段話理解成「沒有細節描述的故事肯定沒有鬼」喔，那你就違反了邏輯的第一規則：若A則B，非B則非A。

❸ 想研究文學的讀者，可以參考此書：泰瑞．伊格頓《如何閱讀文學》（商周出版，二〇一四）

❹ 想研究小說的讀者，可以參考此書：溫蒂．雷瑟《如何閱讀一本小說及其他》（如果出版，二〇一六）。但如果你不想「研究」小說，那就不必看這本書了。

❺ 我個人猜想，大概是現在實體或虛擬的儲存成本大幅下降（高樓大廈跟雲端硬碟讓實體方式與虛擬方式，兩者的儲存成本通通下降），所以書的壽命變成無限期延長，短短幾個字的書名不夠區分並描述本書的特色，所以大家只好訂出長長的書名了。（此段說明僅是提出觀察階段，還不到提出假設階段。）

第 5 章

理科書籍的閱讀

- 心理學
- 數學、物理、化學
- 科普
- 應用科學

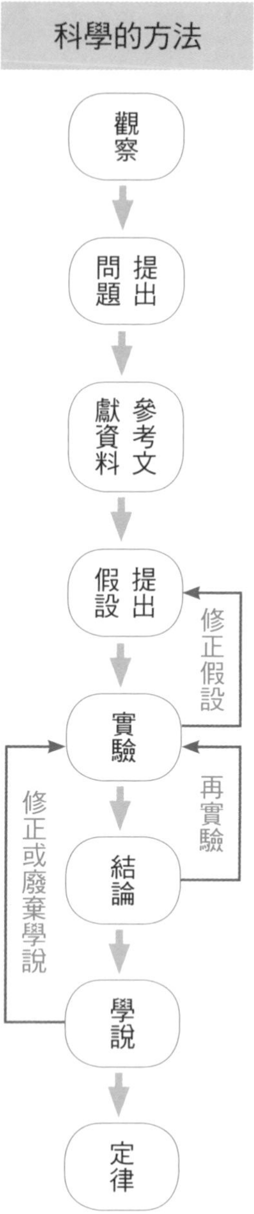

這一類的書必須有很好的邏輯性在內，作者的思路會有整體性的組織架構，反之，就是不夠格的書。

科學有四個特性：客觀性、可驗證、系統性、創發性。四個特性要「同時具備」，才能稱為科學。

理論性的書籍會告訴我們一個普遍性都能適用的知識，作者可以提出問題、分析問題，最後一定會歸納出某種符合科學的結論，但不一定要給我們解決問題的建議。

理論性的書籍通常「是非分明」，一就是一，二就是二。但**實用性書籍（含社會科學類、應用科學類）講求的是作法**，不一定「一就是一」喔，作者以他個人的經驗來給予建議作法，這其中勢必牽涉到當時的社會環境與作者個人經歷，還有作者個人的判斷力。

心理學

有些學院將心理學歸於社會科學底下，有些學院將之歸於自然科學底下。

心理學是研究人類行為的科學，行為包括外在可被看見的，與內在無法被看見的。

網路上流傳的心理測驗，違反客觀性故不是科學，當遊戲玩玩就夠了，別信以為真。除了配合朋友的聊天話題外，我是不看這類的心理測驗。

市面上有一類被歸為心理學的書籍，其實是不夠格被稱為心理學，原因在於無法重複被驗證。例如講述某個刻劃人心且動人心弦的故事，然後以個人經驗去類推所有人遇到類似問題時也會是相同的原因造成的，最後告訴大家應該怎麼做才對，忽略了世界上還有「一果多因」、「一因多果」、「互為因果」的情況。這一類其實應歸屬於小說或自傳。也不算是用小說形式表達的心理學。

網路上的心理勵志文章（或負能量厭世文章）有極大機率是屬於這一類偽裝成心理學的小說，不管這篇文章是不是某個工作領域的專家所寫的，只要沒有同時吻合前述的科學四個特性，或是缺乏科學邏輯地進行人的心理歷程分析，我就不看。

一個說法可以被稱為科學，表示它有「信度」與「效度」。用白話來說，做一次跟做一百次都可以得到一樣的結果、不管是誰做都可以得到一樣的結果，就是具備真實性與準確性。

如果作者**達到科學的方法中「提出結論」、「提出學說」階段，表示有信度與效度**。我多數時候只閱讀已經達到這個階段的心理學書籍。

這種書籍的重點跟章第185頁所提到社會科學的理論性（論說文）還是有點不同。

這個階段的書籍，**會先提到原理或理論，會使用這些原理去解決實際行動上的問題**。也就是說，作者想要找出實用性的理論，來教我們如何實際運用在個人行為上。通常作者會直說為什麼他所寫的內容是真的有效，也會表達依據他所寫的理論與原理發展出的實用性方法，既告訴我們理論，也告訴我們行動方法。

扣除上類書籍，多數的心理學的書籍，要用傳達知識的理論性角度來閱讀。**閱讀時要不斷去理解作者明白表示的原理與原理背後的規則**。只要運用第三章第109頁所說的第三個閱讀層次「分析閱讀」進行即可。

數學、物理、化學

會決定我們喜不喜歡閱讀這類書籍的關鍵點，大概就是國中的數學、物理、化學的考試成績了。只要考試分數好，我們會認為這些項目不難，會願意繼續閱讀這類書籍。只要考試分數低，我們就會累積挫折感，且認為自己沒有天分，潛意識中就會主動避開這類書籍。所以，國中的考試分數，會決定我們對這類書籍的喜好。

坊間這類書籍極多數是寫給具備相關背景知識的人看的，也就是說我們腦中要有一定的知識深度，才會覺得這本書很容易閱讀。反之覺得很難讀，絕對是正常的。

有些人的小學數學考試分數，就決定了長大後還會不會想要閱讀探討數學觀念的書籍。即使是標榜且主訴求是寫給小學生看的數學書籍，如果是由不喜歡數學的大人來閱讀，也會覺得好難閱讀，讀不出什麼樂趣的。

這類書籍，需要不斷地動腦，隨著作者的文字一直思考、一直思考，閱讀前如果腦中的背景知識量不夠廣或是不夠深，就會覺得整本書很難讀，進而認定這本書很無趣，而放棄閱讀。**剛開始進行影像閱讀法的初學者，千萬不要拿這類的書籍來練習，只是累積挫折感而已。**

純理論性的這類書籍，閱讀起來是很費腦力的。讀者需要運用第三層次的「分析閱讀」，去理解作者闡述的論點，與想要處理的一般現象與規則。閱讀這類書籍的過程，就是一場腦力運動。作者反覆經過研究查證各種案例，或是實驗室中所得到的結果，運用歸納法得出結論，我們在閱讀時必須反向運作，分析作者的假設與結論之間的關係，或分析作者的依據與結論之間的關係。

純理論性的這類書籍，也不強調實用性。蕭伯納曾說：「有能力的人，就去做，沒有能力的人，就去教。」蕭伯納以實用性當成是能力的標準，所以下了這樣的結論。

我在閱讀這類書籍時，會事先留意一下這本書的初版年份或是書中引用的研究報告的年份，畢竟科學日新月異，有些科學論述已經是過時或是被後人證實是錯誤的，但科學家的思考方式還是值得我們學習的。即使出版日期是近五年的，誰也說不準書中的結論會不會在明年就被新研究推翻，**我不會死守作者的論點一輩子**。

數學、物理、化學的**理論，可以採用影像閱讀法，要將重心放在作者的思考脈絡上**。數學、物理、化學的**計算式，並不適用影像閱讀法**，因為計算式純然運用表意識的邏輯思考力，不需要使用圖像力與潛意識的直覺力。

我需再次強調閱讀目的的重要性，假設我今天只是想知道這本書在講什麼，並不是想成為該領域的佼佼者或是專業人士，在閱讀時可以直接跳過不讀（跳讀、略讀）那些計算式，只要看懂作者提出的論點就好。

● 範例

一 西元一八八四年，瑞典化學家阿瑞尼斯提出「電解質解離說」（簡稱電解說），電解質在水中會分解成離子（這過程稱為「解離」），因而使水溶液能夠導電。離子是帶電的粒子，帶正電荷的粒子稱為正離子，帶負電荷的粒子稱為負離子。

——八下康軒版自然，一〇八年

二 電鍍是電解原理的應用，以欲鍍金屬為正極，被鍍物為負極，並以含欲鍍金屬離子的鹽類水溶液為電鍍液，將某金屬鍍在負極的另一材料之表面上。例如想要在鐵製的湯匙上鍍銅，則需以銅為正極，湯匙為負極，硫酸銅溶液為電鍍液。

——九下康軒版自然，一〇七年

三 細胞核內可以控制生物特徵，並使其代代相傳的遺傳物質，稱為染色體。染色體位於細胞核內，平時呈細絲狀，細胞在分裂時才會濃縮為短棒狀的構造。染色體由DNA（去氧核醣核酸）與蛋白質所組成，DNA帶有遺傳訊息，為雙股螺旋狀，蛋白則可讓長長的DNA有條理的纏繞起來。

——七下翰林版自然，一〇七年

四

生物行有性生殖時需經由配子的結合，配子通常有雌雄之分，且外型並不相同。以人類為例：男性產生的精子即為雄配子，呈蝌蚪狀，頭部具有細胞核，尾部則為運動的構造；女性產生的卵即為雌配子，體積比精子大許多。卵與精子結合後成為受精卵，此過程稱為受精作用，受精卵會逐漸發育成胚胎。由於受精卵的遺傳物質來自父親和母親的組合，因此胚胎發育後形成的新個體，不會與親代完全相同。

——七下翰林版自然，一〇七年

五

現代科學家認為性狀的表現是由基因（Gene）所控制，基因是染色體中特定的DNA片段，染色體上有許多不同的基因。一個基因若具有兩種以上不同型式，會使性狀產生不同表現時，這些不同型式就稱為等位基因（Allele），也就是孟德爾所指的遺傳因子。

——七下翰林版自然，一〇七年版

六

生物死亡後，遺體大多會被分解或破壞，若遺骸被包埋在泥沙中，隨著時間推移，上方的泥沙層層堆疊，會逐漸形成堅硬的岩層，將遺骸保存在裡面。在此過程中，如果有礦物質滲入這些遺骸的骨骼或牙齒等堅硬部位，經過結晶及壓力等作用，這些遺骸就會漸漸形成化石。

——七下翰林版自然，一〇七年

七

西元一七五三年，瑞典科學家林奈（Carolus Linnaeus，一七〇七～一七七八），採用二名法，以拉丁文為生物訂定學名。學名的第一個字為名詞，第一個字母必須大寫，是該生物的「屬名」；學名的第二個字為形容詞，全部採用小寫，是該生物的「種小名」，用來描述其產地、特徵或其他意義。學名不但國際通用，還能說明生物的分類地位與親緣關係。

——七下翰林版自然，一〇七年

八

菌物界的生物通稱為真菌，具有細胞壁，缺乏葉綠素，須從外界獲得養分。真菌能產生細小的孢子以繁衍後代，常見的有黴菌、蕈類及酵母菌三類。黴菌和蕈類由菌絲構成，屬於多細胞生物。菌絲能附著或侵入物體內，可分泌酵素將養分分解成小分子後吸收利用。酵母菌則不具有菌絲的構造，為單細胞生物。

——七下翰林版自然，一〇七年

最後列出「中文圖書分類法」中的「科學類」讓大家參考，這個類別究竟包含了哪些主題的書籍。

3 科學類

- 300 科學總論
- 310 數學
  - 311 初等數學
  - 312 電腦科學
    - 312.1 電腦；資料處理
    - 312.2 電腦程式設計
    - 312.3 電腦程式語言
    - 312.7 電腦系統資料相關處理
    - 312.9 中文資料處理；中文電腦
- 320 天文學
- 330 物理學
- 340 化學
- 350 地球科學；地質學
- 360 生物科學
- 370 植物學
- 380 動物學
- 390 人類學

科普

一個科學類的專家，讀起科普書籍，簡直是牛刀小試。「科普」書籍，就是「科學普及化」的簡稱，是為了一般沒有科學背景知識的讀者而寫的。[1]科普的書籍，極多數不寫出研究與驗證過程，只告訴我們結論。如果是講述運用方法的科普書籍，閱讀方法跟下一節的應用科學類一樣。

範例

一 利用漂白劑漂白衣物也是一種氧化還原反應，洗衣常用的漂白劑是一種強氧化劑，通常分為含氧漂白劑及含氯漂白劑兩種。含氧漂白劑主要成分為過氧化氫，而含氯漂白劑主要成分則為次氯酸鈉，其原理都是利用氧化作用，除去沾染在白色衣物上其他顏色的物質。

——八下康軒版自然，一〇八年

二 肥皂的組成分子，一端是親油性端，另一端是親水性端，融入水中後會呈解離狀態。在洗滌衣物時，肥皂分子的親油性端會融入油汙中，使油汙被許多肥皂分子包圍，而肥皂分子的親水性端則將油汙帶入水中使油汙與衣物分離，並在水中形成為小的懸浮粒子，達到洗淨的效果。

——八下康軒版自然，一〇八年

三 烴類是原油和天然氣的主要成分。遠古時代的生物死亡之後，與泥沙一起沉積在地底，由於細菌的作用而漸漸分解。經過沉積物不停的堆疊、長期覆蓋，以及溫度與壓力的變化，使得這些有機物產生複雜而緩慢的化學反應，形成黏稠的液態石油（原油）及氣態的天然氣。

——八下康軒版自然，一〇八年

四 龍捲風通常伴隨強風、驟雨、冰雹、雷電等現象，使所經之處滿目瘡痍，並可能造成電力中斷、瓦斯管線破裂等災害。

龍捲風是一種極劇烈的低壓系統，在極不穩定的空氣擾動下，例如暖溼空氣與冷空氣劇烈匯流時，較容易產生龍捲風。

——九下康軒版自然，一〇七年

五 光和電結合運用的光電科技，例如太陽能電池將光能轉換為電能、光碟機內部的組件利用電能產生雷射光，以讀取光碟片中儲存的資訊，並運用電來激發液晶、電漿和發光二極體等發光元件來產生影像等，都是光電科技發展的主流技術。

六

在地貌相似的廣大區域上停留的一大片空氣，當它的溫度與濕度在水平方向分布十分相近時，就可以稱為氣團，形成氣團的區域稱為氣團源地。氣團形成後，通常都會離開氣團源地，因此其性質會隨著所經過的地理環境而改變。例如冷氣團移往較低緯度時，較底層的氣體容易受熱而變暖；大陸氣團經過海面時，溼度也會因為吸收水氣而增加。

——九下康軒版自然，一〇七年

七

經過基因轉殖技術，可以讓生物產生新的性狀，此種生物稱為基因改造生物。使用基因改造生物所製成的食品，則稱為基因改造食品，如使用改造大豆所製成的醬油及豆類製品，或基因改造玉米所製成的玉米油及糖漿。但是這些經由人為方式所產生的生物，一旦流入野外，有可能會對自然環境造成衝擊，影響生態平衡。

——七下翰林版自然，一〇七年

八

酵母菌可將葡萄糖分解以獲得能量，在有氧的情形下，進行呼吸作用，可產生水和二氧化碳；在無氧時，則可進行發酵作用，產生酒精及二氧化碳，因此人們常利用酵母菌來釀酒及製作麵包。

——七下翰林版自然，一〇七年

應用科學

前幾年流行的《被討厭的勇氣》，雖是以小說方式撰寫，內容十足是阿德勒心理學的實務運用，整體故事不斷交錯出現阿德勒的理論與生活實例的討論。看完書後如果內心沒有產生一點點想要改變現狀的勇氣出來，那麼讀者就是失職了，讀者沒有用自己的力量盡全力去思考「自己」該執行的行動是什麼。

讀者要不要聽從作者並採取行動，那是學生要不要聽老師話的層面，與理解力無關。❷

有些實用性的書籍，科學上的理論不是很重要，或毫不重要，而是作法才重要；知不知道科學理論也沒關係，能做出更好的效果才重要。例如你想打好一場躲避球，只要知道運動規則即可，並不需要知道向量、流體力學、角動量、反彈係數等物理學，也不用知道腎上腺素等生物學，更不用知道面對壓力時情緒反應的心理學理論。

應用科學類，可歸於實用性的書籍，只找出普遍性知識（大同之處）不夠用，還要能找到幫助我們採取行動之處。在不同的條件或情況下，作者會給我們的行動建議可能會有所不同，我們需要留意各種差異點（小異之處）。

在步驟一「瀏覽」時，**要找出作者為何要寫這本書（作者的目的）、如何達成目的的建議方法**。

在步驟二「找關鍵字」時，**要注意作者提到的原則、說明原則之處**。如果作者有詳細說明形成這些原則的原理，也一併要留意。作者的舉例，通常是為了證明這些原則是管用的，故此處的舉例屬於次要重點或不是重點。

我知道多數人愛聽故事，但閱讀此類文章需要的是理性，千萬別見樹（見故事）不見林（不見原則）。多數網路上強調實用性的文章，其中所舉例的故事對我來說常常只是一大段的廢話，整個段落我都略讀不看，詳細作法請見第六章第248頁談「網頁」的閱讀。

我們要將注意力放在作者所提供的訊息，是否跟想要達成的結果有顯著的關聯性。

留心作者所闡述的原因，作者通常會這樣說明：1.證明這真的有效的理由。2.這樣做能達到你的想要的結果的理由。或許有人會「將這些原因視為真理」，但別忘了，**這些「真理」並不是「理論性書籍講的真理」**。

有陽就有陰，有科學就有偽科學存在。我會小心不讓自己浪費時間在偽科學上，例如坊間廣為宣傳的「大腦只被開發不到1%」（從1%到30%的版本都有）就是偽科學。

對某一類人來說，「如何分辨偽科學？」是容易的事，但對另一類人卻是困難的事。

偽科學的流傳，跟網路假消息的流傳一樣。會相信網路假消息的人，通常不愛親自動腦思考，只愛貪快求簡便的懶人包，平時不會主動閱讀政府機關網站、科學性網站、大學網站、科技研究機構網站、基礎科學知識書籍。他們平時只看親友轉寄分享的、聽說來的報導與消息。

換言之，會相信網路假消息跟偽科學的人，平時不願意主動去接觸理論性知識，故腦中缺乏相關的理論性知識來幫助判斷眼前的訊息。（建議可以先從閱讀科普類的書籍下手。）

所以，我常會運用網路搜尋來確認眼前的訊息是否正確，同時也會多瀏覽幾頁搜尋到的頁面，避免正確資訊被廣告商所散布的偽科學給洗板了。雖然，這樣要多花約十到三十分鐘，但總比讓大腦吸收假貨重要得多。

●範例

一 每一種材料也都有其特有的物理與化學性質，但當我們製作產品時，選用材料會著重於材料的機械性質，也就是考量該材料的強度、硬度、延性、展性、韌性（脆性）、彈性與疲勞強度等。例如人們會選擇高強度與高硬度的鋼筋來建造高樓，會選用具有較佳延性及展性的金來製成飾品，而且會利用具有彈性的鋼製成彈簧床。

——八下康軒版自然，一〇八年

二 木材的表面處理以塗裝最為普遍，可分為透明塗裝與不透明塗裝。一般材質佳、表面紋理優美的木材會選用透明塗裝，例如柚木家具，其塗裝材料依序使用一般底漆、二度底漆及透明漆。而另一種不透明塗裝方式，會先以補土填充材料孔隙，並依序選用底漆、面漆進行塗裝。

——八下康軒版自然，一〇八年

三 日常生活中的金屬產品，也常以鑄造和鍛造等方式成形。例如汽車輪胎用的鋁合金鋼圈，就是以鑄造的方式，將熔融的鋁合金倒入事先做好的模具內，待冷卻後除去模具而得；廚房中的不鏽鋼刀（菜刀），則是將不鏽鋼材加熱到火紅軟化後，以重鎚敲擊鍛造而成。

——八下康軒版自然，一〇八年

四 生醫材料大致可分為高分子、陶瓷、金屬與複合材料等四類。由於生醫材料被運用於身體，故不能產生發燒、溶血、過敏及致癌等不良作用，同時也須避免微生物混入或附著於材料中，因此材料的鈍化與消毒就十分重要；此外，生醫材料通常無法像人體組織般進行新陳代謝，其所製成的產品植入人體後，除了能被人體吸收消失者外，只能經由手術重新替換，因此亦需特別注重其耐用性。

——八下康軒版自然，一〇八年

同樣地，最後列出「中文圖書分類法」中的「應用科學類」，讓大家參考這個類別究竟包含了哪些主題的書籍。

* 427.12 西餐食譜
* 427.13 東洋各國食譜（日本料理）
* 427.16 點心食譜；糕餅食譜
* 427.2 肉類、海鮮
* 427.3 穀物蔬菜
* 427.4 飲料

◦ 428 育兒
◦ 429 家庭衛生

• 430 農業

◦ 434 農藝
◦ 435 園藝
◦ 436 森林
◦ 437 畜牧與獸醫
◦ 438 魚業
◦ 439 農產加工

• 440 工程
• 450 礦冶
• 460 化學工程
• 470 製造
• 480 商業；各種營業
• 490 商業；經營學

◦ 494 企業管理
◦ 495 會計
◦ 496 商品學；市場學
◦ 497 廣告
◦ 498 商店
◦ 499 各公司行號誌

4 應用科學類

- 400 應用科學總論
- 410 醫藥
  - 411 衛生學
    - ＊ 411.1 個人衛生；健康；瑜珈
    - ＊ 411.3 營養與食品（減肥食品、高血壓、糖尿病特殊飲食）
  - 412 公共衛生
  - 413 中國醫學
    - ＊ 413.91 針灸
    - ＊ 413.92 推拿；按摩
    - ＊ 413.93 指壓
    - ＊ 413.94 氣功
  - 414 中藥學
  - 415 西醫學
    - ＊ 415.2 內科
    - ＊ 415.7 皮膚科
    - ＊ 415.8 泌尿器科
    - ＊ 415.9 神經科
  - 416 外科
  - 417 婦產科；老幼科
  - 418 藥學；藥理學；治療學
  - 419 醫院管理；醫事行政；護理
- 420 家政
  - 423 衣飾；服裝
  - 425 美容
  - 426 家庭手藝
  - 427 飲食；烹飪
    - ＊ 427.11 中菜食譜

註

❶ 說是沒有科學背景知識也不太對，應該是說國中時數理科與自然科分數不高的人才對。在國中考試時分數不高，高中時自動會選擇就讀社會組，避開自然組。就算作者寫出簡化版的研究與驗證的過程，也會很快嚇跑國中時數理科與自然科分數不高的人。

❷ 有次我在捷運上聽到某位媽媽對朋友抱怨自己的孩子說：「孩子很愛看書，我讓他看很多教寫作的書，但是怎麼作文成績還是不好？」緊接著抱怨老公說：「少吃油炸物才是健康的飲食，不管他看完幾本談健康聊養生的書，但他還是會一周吃三四次油炸物。」

第6章

其他形式的閱讀

- 學術論文
- 雜誌
- 網頁
- 電子郵件
- 電子書

學術論文

閱讀論文前先確認自己看的是碩士論文，還是博士論文。碩士論文的目的與手法是借用或整合既有理論觀點作為分析架構；博士論文目的與手法則是以創新理論為分析架構。

碩士論文選擇出核心理論後，「研究設計」的部分是方法論的層面。如果想要了解某議題的研究現況，可以挑選最新的碩士論文，直接閱讀「文獻探討」處，就能總覽所有切入此議題的視角。

博士論文需要自己建構一個新的理論觀點，涉及事物本質性的問題，是本體論的層面。

碩士論文	博士論文
挑選某一兩個核心理論為論述架構	回顧批判不同的理論為論述架構
↓	↓
整合文獻資料以充實技術內涵	提出嶄新的理論視野

學術論文寫作流程

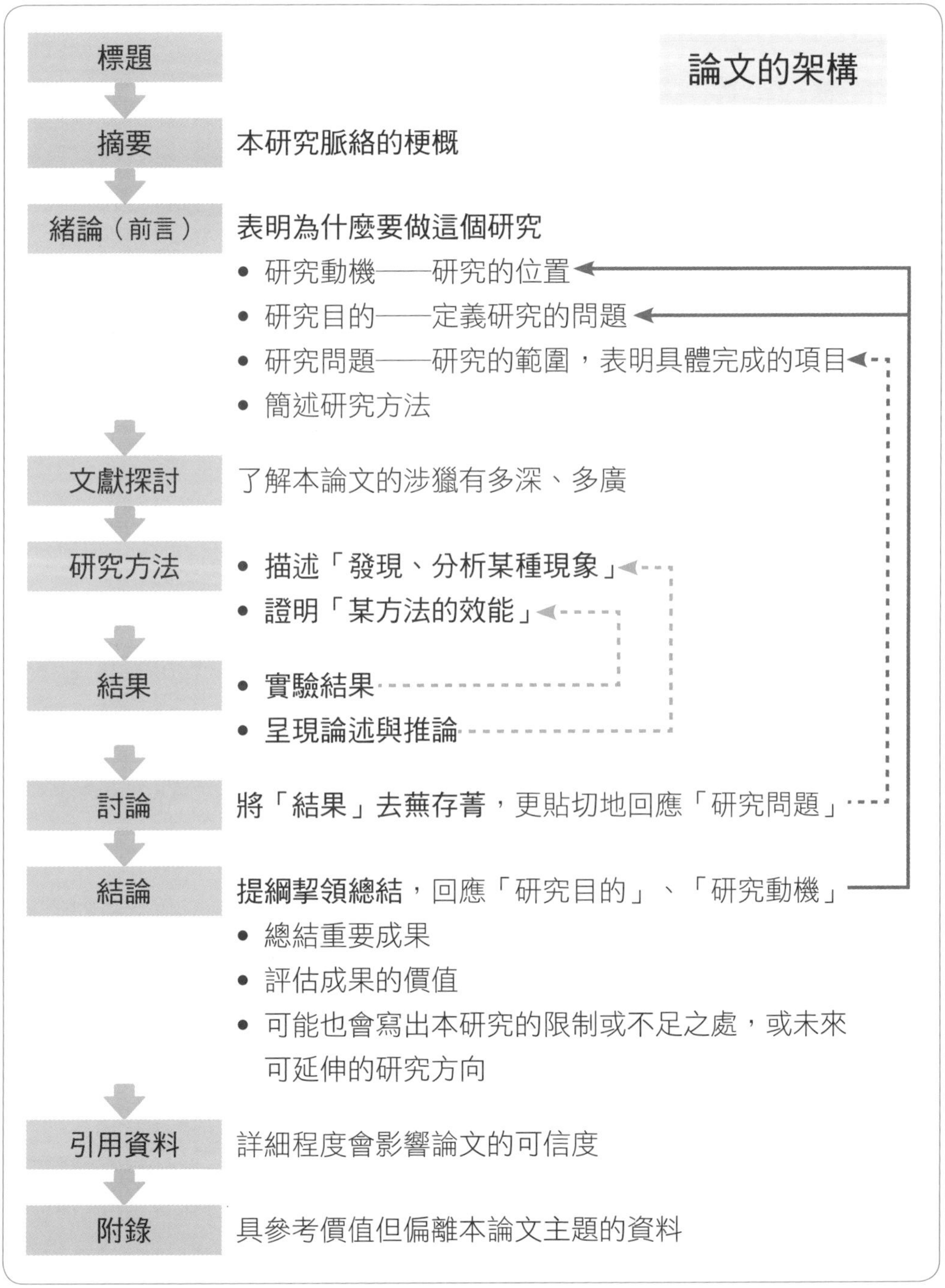
論文的架構
標題
摘要
本研究脈絡的梗概
緒論（前言）
表明為什麼要做這個研究
• 研究動機——研究的位置
• 研究目的——定義研究的問題
• 研究問題——研究的範圍，表明具體完成的項目
• 簡述研究方法
文獻探討
了解本論文的涉獵有多深、多廣
研究方法
• 描述「發現、分析某種現象」
• 證明「某方法的效能」
結果
• 實驗結果
• 呈現論述與推論
討論
將「結果」去蕪存菁，更貼切地回應「研究問題」
結論
提綱挈領總結，回應「研究目的」、「研究動機」
• 總結重要成果
• 評估成果的價值
• 可能也會寫出本研究的限制或不足之處，或未來可延伸的研究方向
引用資料
詳細程度會影響論文的可信度
附錄
具參考價值但偏離本論文主題的資料

一篇寫作完整的論文，可以讓我們閱讀步驟一「瀏覽」時，只要閱讀「標題」、「摘要」、「結論」即可掌握大部分的重要內容了，知曉這篇論文是否吻合我要的閱讀目的。若此論文吻合閱讀目的，就可以依照上頁圖表所列的焦點來進行閱讀步驟二「找關鍵字」。

雜誌

流行服裝雜誌、裝潢雜誌的整個頁面是圖片多於文字，文字多數散落在各圖片的上下左右處，文字是用來補充說明圖片用的。通常我是先用影像閱讀去瀏覽圖片，感興趣的圖片或不能理解的圖片，才降低閱讀速度去看周遭的文字。

電腦雜誌的閱讀跟電腦書籍是以步驟性的操作為主，我其實不會整本書都看過，閱讀步驟一「瀏覽」時挑出目前用得上的章節或段落，然後一個字一個字慢慢讀並對照著書一步步在電腦上操作。如果其中講到最新的軟硬體發展資訊，這部分的閱讀方式就跟一般的新聞一樣。

以下主要講述如何閱讀新聞雜誌，包含社會新聞雜誌、政治新聞雜誌、財經新聞雜誌。

雜誌的編排已經幫我們把一個頁面切成兩欄式、三欄式、四欄式，等於是將頁面切割成兩等份到四等份，**對視野寬度還不夠寬的人來說，運用雜誌來練習影像閱讀法是最好的素材。**

但因為整本雜誌會包含許多不同類型的文章，所以練習時，請直接從第109頁「文章的閱讀」所說的步驟開始進行即可。新聞，就是最近發生的真實故事，請以第161頁「歷史」所講述的抓重點方式來進行。

1 摘錄自《今周刊》1148 期，為兩欄式的切割方式

2 摘錄自《天下雜誌》663 期，為三欄式的切割方式

3 摘錄自《今周刊》1148 期，為四欄式的切割方式

一般這種新聞雜誌會幫我們在每個段落上寫上小標題，先閱讀這些小標題也能幫助我們理解整篇文章的主要目的與架構。

• 摘錄自《天下雜誌》663 期

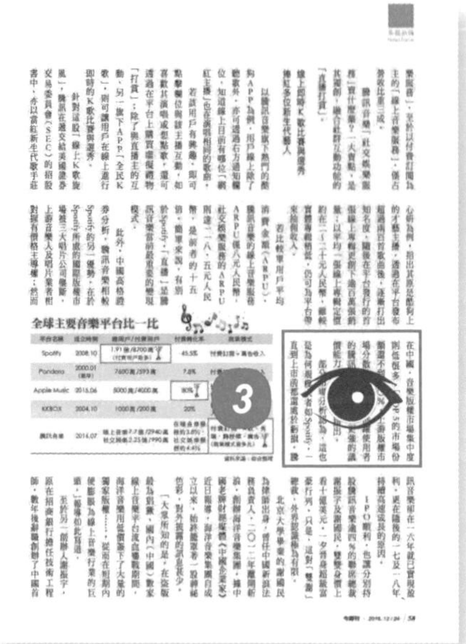

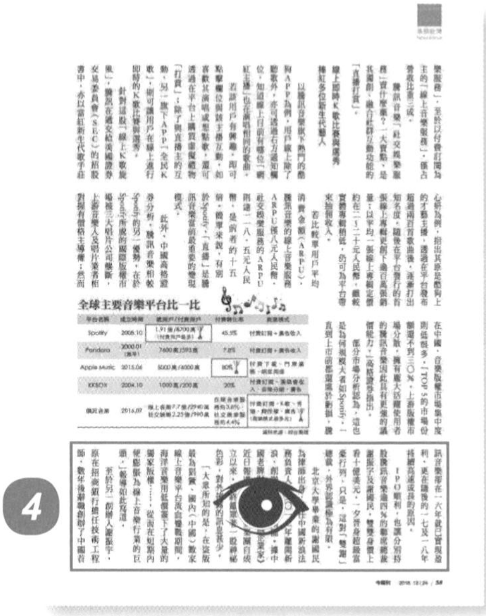

左側有圖表，先避開不看。

遇到有圖表的地方，要把圖表單獨視為一個區塊。

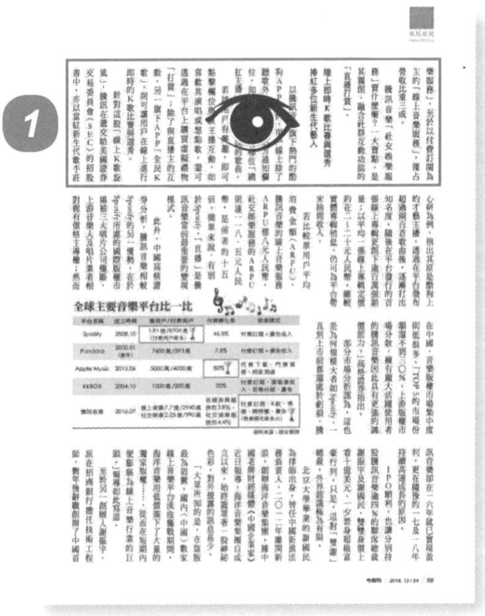

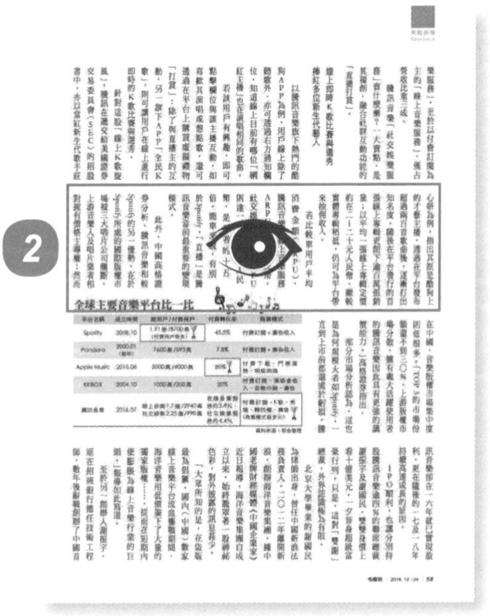

如果你是視野寬度還不夠寬的人，因為雜誌的版面已經切割開了，我們可以一次看一個區塊就好。

眼睛的視覺落點就放在整個區塊的正中央位置，同樣眼睛放鬆，將整個區塊內的文字以影像的方式攝入腦中。

網頁

1. 網路新聞

本來我要為這一節下的標題是「光看標題就能理解新聞的年代，已經過了。」或是「只看第一段就能理解新聞的年代，已經過了。」礙於電腦與手機版面大小，網頁呈現的方式，只能用標題來吸引我們，等於是我們只能從標題來判斷這則新聞該不該看下去。尤其是台灣近兩三年的網路新聞，為了衝高點閱率，常會運用讀者的好奇心，而寫下「詐欺式標題」，其實就是「題不對文」的文章。

我第一次被騙的新聞標題是「瑪丹娜在舞台上做了這件事，讓大家驚呆了……」，閱讀完整篇內容後，發覺沒有任何足以讓人驚呆的事情，只是一篇很簡單描述瑪丹娜演唱會的情況。從此，網路上充滿著「驚呆了……」、「嚇呆了……」。

一陣子後，大概很多人跟我一樣不再被騙，開始出現這種進階版的詐欺式標題：「○○○○○，真正原因是……」、「○○○○○，只因這件事……」、「○○○○○，情節超展開」、「〇〇〇〇〇，結果……」、「〇〇〇〇〇，引發網友……」。這種「不知所云」的標題，用模糊的概念讓我摸不著頭緒，我們又忍不住好奇心，滑鼠點進去後看到完，這才發現已經花了時間看了一點都不感興趣的新聞。

我見過最誇張的詐欺式標題，是讓我誤以為記者要講述A結果，看到新聞的最後一段，才知道整篇文章都是在講B結果，娛樂新聞最愛用這種「掛羊頭賣狗肉」的標題，例如：「豁出去了！女星為孩子素顏陪睡五十人」，內容為女藝人跟孩子出去玩一起睡通鋪的新聞。幸好，這種標題很容易被網友唾棄，出現機率不到百分之十。

沒有確定閱讀目的或閱讀目的是為了娛樂時，我們很容易掉入「題不對文」、「不知所云」的標題陷阱，浪費自己的時間卻成為幫忙衝高點閱率的網民。

從二〇一六年開始，光看新聞標題就能理解內容重點的年代已經過了。娛樂、社會新聞喜歡運用引發偷窺心理的詐欺式標題；財經、政治、藝文類則愛用隱晦的詐欺式標題。

2. 網路文章

每天要發好幾篇文章的網路平台、社交平台，跟部落客在特質上有著大同小異之處。相同點是吸引我們的眼睛的好文章，希望我們持續追蹤他的發文。相異點是網路平台養了一群網路小編，一天要發好幾篇不同主題、不同作者的文章，部落客一天頂多一篇。

假設是「整理資料」的閱讀目的，或只求在「基礎閱讀」的層次上，我會半開玩笑地說：「看完標題就好，內容已經不重要了。」通常在瀏覽的步驟時就已經閱讀完畢。

假設閱讀目的放在「探索研究」、「尋求認同」、「打開視野」，或進行「分析閱讀」、「主題閱讀」的層次，看一篇網路文章是不夠的，片段地在網路上看文章，很容易落入以管窺天且得到以偏概全的結論。

極多數的網路平台、社交平台的文章不像一本書，缺乏一個大型系統性架構。除非網路小編是像寫書一樣早已規劃好系統性架構，我們又是每天持續追蹤每篇文章，否則是很難進行「分析閱讀」、「主題閱讀」的層次。再者，花了這麼多天的時間去追蹤一個主題，這也太浪費生命了。倒不如花小錢去買本書還比較節省時間成本與金錢成本。（網路費＋護眼成本，遠比買書成本更高。）

有時會見到網路平台運用了詐欺式標題，網路文章的標題超級無敵長，寫著聳動的文字，但這個標題僅描繪出整篇文章的某個小、小、小的概念。我總不禁要同情這些可憐的網路平台小編，想必他們也不願意一直絞盡腦汁在標題上動手腳，但為了點閱率，小編只好繼續來詐欺我們的眼球。

目前另有些網路文章正在瘋狂地寫故事，大量運用說故事行銷的方式，前面會寫一大段的對話或是故事過程，不管故事本身是否經過改編，一個生活中的小片段、小事件，藉由作者的「小題大作」、「擴大解釋」仔細描述故事過程，就形成了一篇長長的故事。後半段再寫出這個故事帶給作者什麼心得或啟發作者什麼樣的想法，而作者論點通常會在標題載明。除非我當時處在三姑六婆的八卦心態中，或是心懷追求娛樂的閱讀目的，否則閱讀網路文章時，**我會略過全部故事，直接閱讀講述論點的段落。**❶

我個人發現，多數時候就算我整個略過故事，只閱讀最後一兩段，其實也不影響我理解作者要提出的論點。❷

補充一下，**若在一本自然科學、社會科學、經濟學、哲學、工具書中出現了作者仔細描述的故事，我不會視若無睹**，因為這個故事的轉折之處通常帶給作者某些啟發，轉折之處正是讓作者產生論點的原因。

我對其他國家的情況，並無認真地進行探討，目前的經驗是，日本人寫的書，每篇文章的標題寫得很精準，標題就是結論，或標題就是主題。故日本人寫的網路文章也多數是如此，很容易閱讀。也就是說，如果只是要進行第一個層次的基礎閱讀，有時我只看完標題，內容就不用看了。

● **範例**

當我想知道「台灣美食」時，直接在搜尋引擎上輸入「台灣美食」，呈現畫面如下：

台灣小吃 - 維基百科，自由的百科全書
zh.wikipedia.org/zh-tw/台灣小吃
台灣小吃 台灣飲食 台灣傳統飲食 隱藏分類： 自2017年12月帶有失效連結的條目 條目有永久失效的外部連結 自2012年1月語調不適於維基百科的條目 拒絕當選首頁新條目推薦欄目的條目 ...

【台灣美食】CNN推薦報導，台灣必吃的40道美食小吃，沒吃過等於...
yontobt.pixnet.net/blog/post/192698419-【台灣美食】cnn推薦...
CNN報導:『台灣必吃的40道美食!!』到台灣小吃王國這些真的非吃不可，個個道地，連身為美食國民的我們都不得不跟著點頭！您真內行啊!! 臺灣以美食和熱情善良的人為榮，但 ...

台灣美食 - 相關圖片搜尋結果

更多 台灣美食 圖片

全台灣美食大搜查 - iPeen 愛評網 - 美食頻道
www.ipeen.com.tw/taiwan/channel/F
iPeen 愛評網擁有最豐富的全台灣美食資訊，不論是全台灣中式料理、日式料理還是異國料理通通都在全台灣美食大搜查。想知道全台灣最熱門的美食嗎？iPeen 愛評網是您的第一 ...

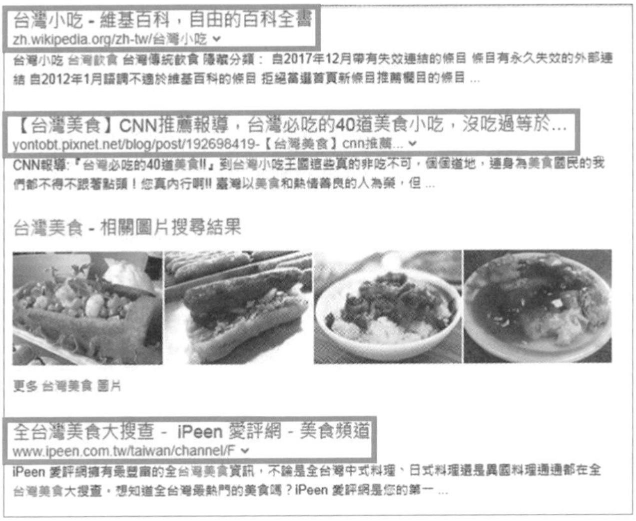

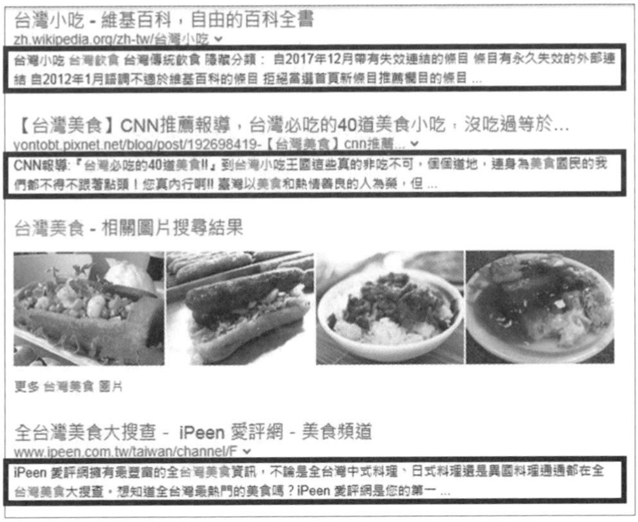

我會先看藍框處，**瀏覽標題＋網站＋網址**，讓我知道這篇文章是否來自廣告或是內容農場，讓我能稍微判斷文章的可信度有多高。接著，**瀏覽黑框處的文字**，讓我快速知道要不要點進去看文章。**點選連結後，記得嚴守自己的「閱讀目的」，不吻合的段落或文章請直接跳過去不要讀喔**。並依照前面章節所說的方式去判別該文章的類型，這樣才會更精準地抓出重點。

電子郵件

電子郵件的閱讀，很難一概而論地說「該用什麼樣的方式來閱讀」。

如果你是一個擁有很多決策權與主導權的工作者，或是你本身是將一項工作從頭包到尾的執行者，我相信你不會覺得閱讀與回覆電子郵件有什麼困難。

換言之，**會覺得電子郵件太多而回覆不完的工作者，通常是沒有決策權與主導權的訊息傳遞者**。這種工作者因為身處在一長串工作任務的某個環節中，因為本身不是真正的執行者，所以收到電子郵件時，必須能正確理解對方想要傳達的訊息，才能進行確認或是蒐集情報，再將情報內容回覆對方。如果發信者本身無法正確理解收信者的身分角色，可能會將信件內容寫得過於簡略讓人似懂非懂，或是寫得過於繁瑣讓人頭昏眼花。

假定收信者本身雖然不是真正的執行者，但已經對必需接觸到的訊息中所提到的工作任務通通瞭如指掌，那麼就要謹守一個閱讀目的：**讓對方快速取得回覆以安心，在同樣的工作任務上，減少雙方來來回回的信件數量**。

因此由上延伸出這些作法：

1. 將對方寫出來的問題在一封信中全數解決。
2. 若有些問題不能在這次信件中回覆，也要一併告知對方何時能回覆。
3. 若無法即時取得相關資訊而無法在公司規定的期限內回覆，務必事先告知對方未來可在何時取得正確的回覆。

● 範例
讀者A寄給我的電子郵件

郵件內容	第一遍瀏覽先抓出主要表達的大意與概念
主旨：《心智圖筆記術》讀後心得	讀後心得
老師您好，我在看完《心智圖筆記術》後有些心得及問題想要與您分享。	心得＋疑問
首先，我自己本身在大學時就有粗淺的接觸過心智圖，那時大概明白心智圖是一個很好用來解決問題的方法，但是沒有應用過，在我考上國家考試後，我們受訓的教材裡面有關法規的章節都用了心智圖呈現它的架構，因為有了心智圖，讓我對於採購法規這類繁瑣的內容有了清楚的了解，深刻體會到「看見整個樹林」的感覺。	正面收穫的心得
在受訓結束後我參考了您的書籍，在應用上遇到了一些問題想要請教您一下：	閱讀書籍後，使用上的疑問
1. 心智圖能不能應用在會議記錄上？	能不能使用？

根據瀏覽結果，心中先擬定幾個回覆的要點

1. 讚賞努力
2. 感謝給予回饋
3. 解答問題
   - 3.1 用在會議記錄時的注意事項
   - 3.2 用在讀書心得時的注意事項
4. 鼓勵持續下去

我在打會議記錄時科長跟我反應我打得太過精簡，會讓沒有參加會議的人不明白我想表達的意思，這讓我聯想到，是不是會議記錄沒辦法用心智圖來呈現呢？因為心智圖是用來複習內容，如果要作為簡報給沒有參與過會議的人來看，是需要製作心智圖的人在旁輔助才能完全理解的嗎？

依據對象不同，使用時的方法也要不同？

2. 如果用心智圖來當作讀書心得，是否要依照目錄的方式來作為心智圖的分類？

做讀書心得時需將目錄畫成心智圖嗎？

我學習心智圖，主要是想用來做為我的讀書心得，透過自己手寫過後增加自己對於書籍內容的印象，我發現目錄都已經幫我大致把書中內容分類好了，那如果我認同書中的分類方法，我是不是能夠直接利用目錄來做為心智圖的分類呢？

認同作者時可將目錄畫成心智圖嗎？

附件是我自己畫的心智圖，希望老師在看完後能給我一些回饋，讓我能夠改進。

最後，謝謝老師能夠有耐心地看完我的來信，祝福老師平安喜樂。

讀者A

電子書

電子書的版面，分成「流動式版面」跟「固定式版面」兩種。

書籍內容若富含圖表或是插圖，為了呈現這些圖像，只能做成固定式版面，呈現方式有點類似ＰＤＦ檔一樣，只能在手機或平版電腦的螢幕上移動書頁的呈現位置，而無法更改字體的大小。

如果你在閱讀電子書時，覺得把文字放大來看會比較舒服的話，那麼建議你富含圖表或插圖在內的書籍，還是買紙本書來閱讀比較好，因為這一類的圖文書只能做成固定式版面。

固定式版面

推薦序・

成功的人，多半喜歡思考，
心智圖有效協助您思考，進而成功！

諮芮勞務管理有

我的勞務管理工作主要是以輔導企業制定相關人事管理
法令之勞資爭議個案，需要不斷地與企業會議制定策略或與個
業基礎在於對法源的熟悉與策略的運用及實務經驗的掌握，思
進行的進行式 + 未來式。 孫子兵法中也有提到：「謀定後

將文字放大後的樣子，就像是你拿著放大鏡在看書一樣，放大鏡的尺寸有限，你必須移動放大鏡的位置才能看完整頁的內容。

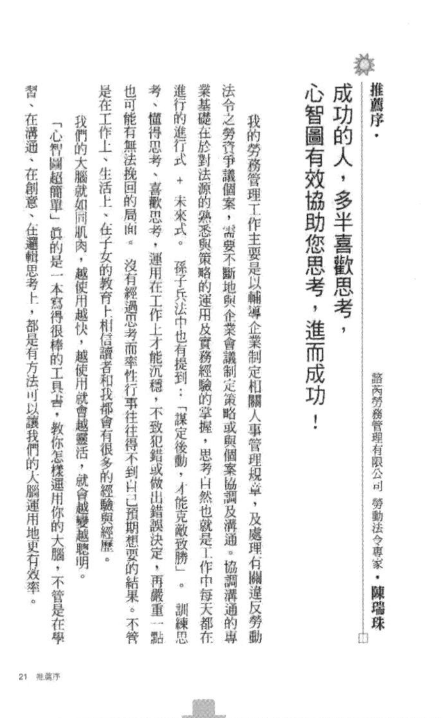

推薦序・

成功的人，多半喜歡思考，
心智圖有效協助您思考，進而成功！

諮芮勞務管理有限公司 勞動法令專家・陳瑞珠

我的勞務管理工作主要是以輔導企業制定相關人事管理規章，及處理有關違反勞動法令之勞資爭議個案，需要不斷地與企業會議制定策略或與個案協調及溝通。協調溝通的專業基礎在於對法源的熟悉與策略的運用及實務經驗的掌握，思考自然也就是工作中每天都在進行的進行式 + 未來式。 孫子兵法中也有提到：「謀定後動，才能克敵致勝」。 訓練思考、懂得思考、喜歡思考，運用在工作上才能沉穩，不致犯錯或做出錯誤決定，再嚴重一點也可能有無法挽回的局面。 沒有經過思考而率性行事往往得不到自己預期想要的結果。不管是在工作上、生活上、在子女的教育上相信讀者和我都會有很多的經驗與經歷。

我們的大腦就如同肌肉，越使用越快，越使用就會越靈活，就會越變越聰明。

「心智圖超簡單」真的是一本寫得很棒的工具書，教你怎樣運用你的大腦，不管是在學習、在溝通、在創意、在邏輯思考上，都是有方法可以讓我們的大腦運用地更有效率。

21 推薦序

這是我用手機閱讀固定式版面電子書時的畫面

純文字的電子書一定是做成流動式版面，字體隨你想要放大到多大都可以，皆會以這種方式呈現。

流動式版面

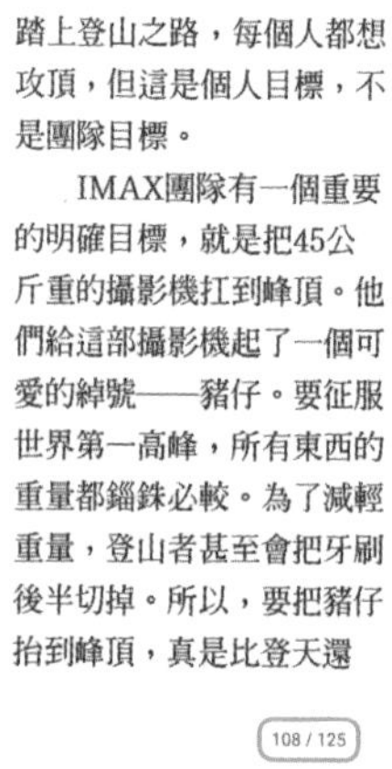
踏上登山之路，每個人都想攻頂，但這是個人目標，不是團隊目標。

IMAX團隊有一個重要的明確目標，就是把45公斤重的攝影機扛到峰頂。他們給這部攝影機起了一個可愛的綽號——豬仔。要征服世界第一高峰，所有東西的重量都錙銖必較。為了減輕重量，登山者甚至會把牙刷後半切掉。所以，要把豬仔抬到峰頂，真是比登天還

108 / 125

現在將字體放大到最大，右下角的數字表示已經將本章節的內容調整成 125 頁，目前正在第 108 頁處。

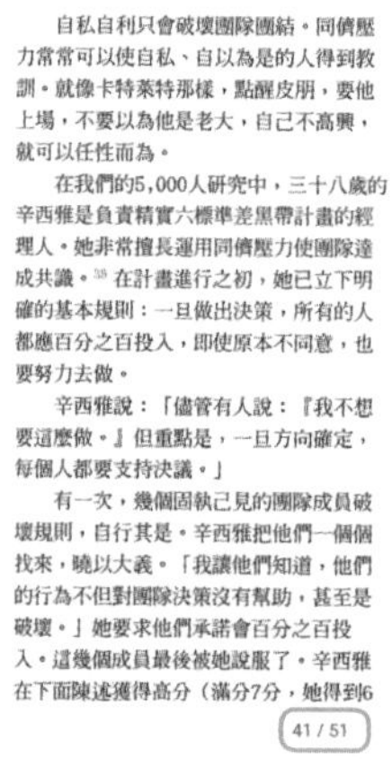
自私自利只會破壞團隊團結。同儕壓力常常可以使自私、自以為是的人得到教訓。就像卡特萊特那樣，點醒皮朋，要他上場，不要以為他是老大，自己不高興，就可以任性而為。

在我們的5,000人研究中，三十八歲的辛西雅是負責精實六標準差黑帶計畫的經理人。她非常擅長運用同儕壓力使團隊達成共識。[38] 在計畫進行之初，她已立下明確的基本規則：一旦做出決策，所有的人都應百分之百投入，即使原本不同意，也要努力去做。

辛西雅說：「儘管有人說：『我不想要這麼做。』但重點是，一旦方向確定，每個人都要支持決議。」

有一次，幾個固執己見的團隊成員破壞規則，自行其是。辛西雅把他們一個個找來，曉以大義。「我讓他們知道，他們的行為不但對團隊決策沒有幫助，甚至是破壞。」她要求他們承諾會百分之百投入。這幾個成員最後被她說服了。辛西雅在下面陳述獲得高分（滿分7分，她得到6

41 / 51

放大字體後出現的文字量會隨之變動。右下角的數字表示已經將本章節的內容調整成 51 頁，目前正在第 41 頁處。

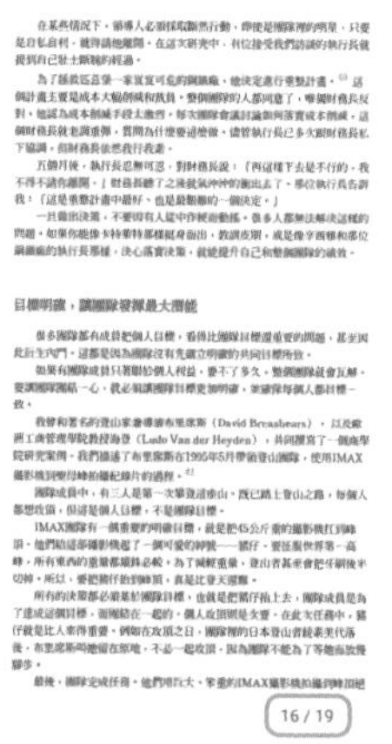
16 / 19

這是我用手機閱讀流動式版面電子書時的畫面。目前是字體最小的樣子，也就是紙本書上一個頁面的呈現樣式。右下角的數字表示本章節共有 19 頁，目前正在第 16 頁處。

電子書的瀏覽器，我個人推薦要買沒有藍光問題的瀏覽器，比較不傷害眼睛。

如果你是使用平板或是手機來閱讀電子書的人，你更需要學會影像閱讀法，減少藍光直射眼睛的時間。

電子書的翻閱方式，無法像紙本書一樣一次翻兩三頁。電子書必須是一頁頁的翻過去，或是事先知道要看第幾頁時才能直接點選到那一頁。

因為電子書使用上的限制，**我不建議初學影像閱讀者拿電子書來練習**。

有的電子書瀏覽器可以直接在畫面上進行圈選關鍵字的標記，並儲存下這些標記，那麼就會很接近紙本書的閱讀感。

但是在平板或是手機上閱讀電子書者，皆無法進行這項標記動作，故以下舉例以這一類的使用者為對象。

在紙本書籍上能有良好閱讀能力的人，或許第一次使用電子書不太熟練，而無法進入影像閱讀的狀態中。別擔心，當你在第二次或第三次練習時就會進入高速閱讀的熟悉感中。

以下說明如何使用流動式版面來進行影像閱讀法：

1. 跟紙本書籍一樣，先進行第三章第57頁的準備工作。
2. 調整畫面到適合自己喜歡的字體大小
3. 開始進行第第132頁的「高速閱讀」，把眼前的畫面，當成是電視機的畫面一樣，也就是把文字當成圖片來看。一次看一整個頁面。手直接在螢幕上滑動，以一秒鐘滑一下的速度，不停地翻頁，千萬不要刻意慢下來，也不要停止，直到一個章節結束。

4. 請移開電子書，開始以心智圖來進行活化與整合。

5. 重覆上一頁的步驟3，閱讀完一遍後再移開電子書，開始補充心智圖，同樣地最多只能補充兩遍喔。

註

❶ 寫到這裡，我腦中浮現一個多年前的「小客訴」。講授創意訓練的企業內訓後，主辦小姐立刻私下向我反應：「本以為會聽到很多別家公司是怎麼做的，沒想到你都沒有講。」我心想：「我又不是來講別家公司的祕密或八卦的，我也不能講出別家公司的創意啊！」

❷ 兩年前分別有兩個成人與一個國中生很有同感地對我說：「網路文章都在講廢話。」約有六成的網路平台與社交平台上的文章，確實讓我有這樣的感覺。

附錄

小試身手

摘錄自《貓戰士十週年紀念版——首部曲之一：荒野新生》。

第一遍：高速閱讀

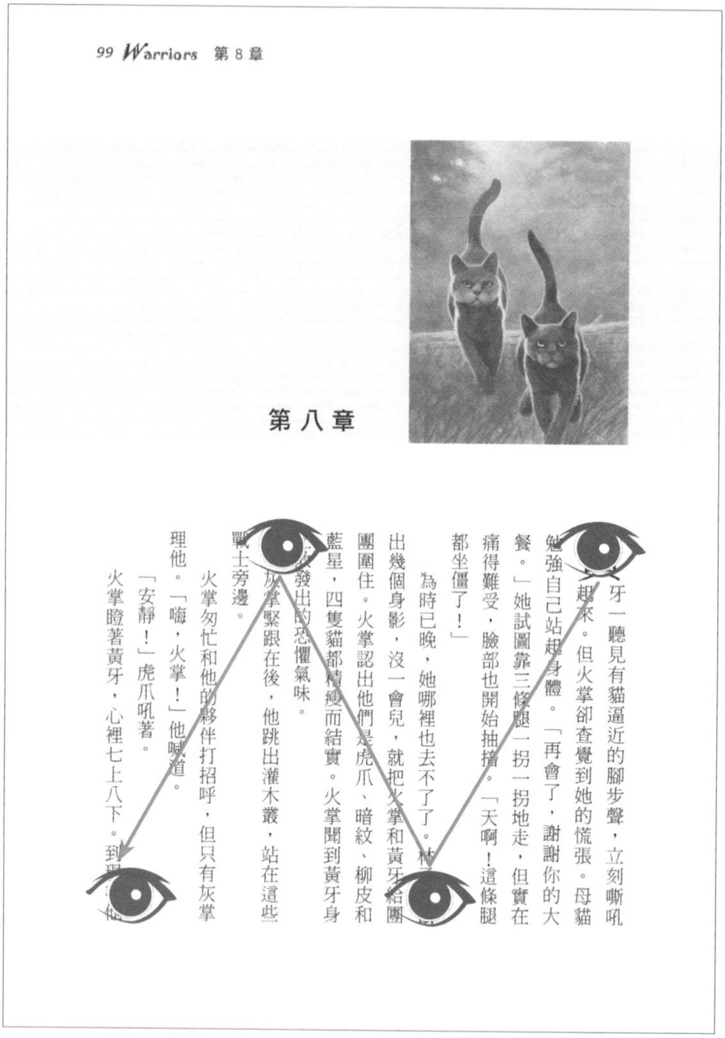

牙一聽見有貓逼近的腳步聲，立刻嘶吼起來。但火掌卻查覺到她的慌張。母貓勉強自己站起身體。「再會了，謝謝你的大餐。」她試圖靠三條腿一拐一拐地走，但實在痛得難受，臉部也開始抽搐。「天啊！這條腿都坐僵了！」

為時已晚，她哪裡也去不了了。林子出幾個身影，沒一會兒，就把火掌和黃牙給團團圍住。火掌認出他們是虎爪、暗紋、柳皮和藍星，四隻貓都精瘦而結實。火掌聞到黃牙身發出的恐懼氣味。

灰掌緊跟在後，他跳出灌木叢，站在這些戰士旁邊。

火掌匆忙和他的夥伴打招呼，但只有灰掌理他。「嗨，火掌！」他喊道。

「安靜！」虎爪吼著。

火掌瞪著黃牙，心裡七上八下。到

• 試讀本下載網址：
http://booklook.morningstar.com.tw/pdf.aspx?BookNo=0151101

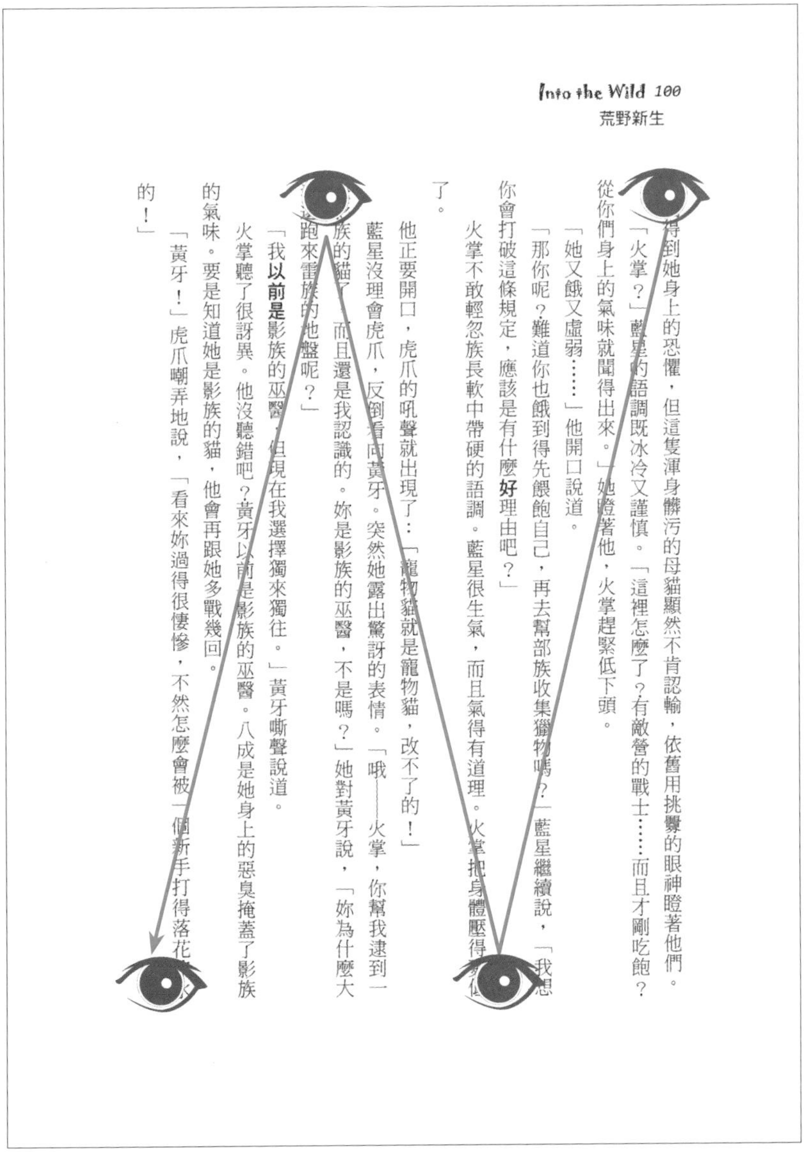

Into the Wild 100

荒野新生

得到她身上的恐懼，但這隻渾身髒污的母貓顯然不肯認輸，依舊用挑釁的眼神瞪著他們。

「火掌？」藍星的語調既冰冷又謹慎。「這裡怎麼了？有敵營的戰士……而且才剛吃飽？從你們身上的氣味就聞得出來。」她瞪著他，火掌趕緊低下頭。

「她又餓又虛弱……」他開口說道。

「那你呢？難道你也餓到得先餵飽自己，再去幫部族收集獵物嗎？」藍星繼續說，「我想你會打破這條規定，應該是有什麼**好**理由吧？」

火掌不敢輕忽族長軟中帶硬的語調。藍星很生氣，而且氣得有道理。火掌把身體壓得了。

他正要開口，虎爪的吼聲就出現了：「寵物貓就是寵物貓，改不了的！」

藍星沒理會虎爪，反倒看向黃牙。突然她露出驚訝的表情。「哦——火掌，你幫我逮到一族的貓了，而且還是我認識的。妳是影族的巫醫，不是嗎？」她對黃牙說，「妳為什麼大老跑來雷族的地盤呢？」

「我**以前是**影族的巫醫，但現在我選擇獨來獨往。」黃牙嘶聲說道。

火掌聽了很訝異。他沒聽錯吧？黃牙以前是影族的巫醫。八成是她身上的惡臭掩蓋了影族的氣味。要是知道她是影族的貓，他會再跟她多戰幾回。

「黃牙！」虎爪嘲弄地說，「看來妳過得很悽慘，不然怎麼會被一個新手打得落花水的！」

101 Warriors 第 8 章

這時暗紋開口了。「那隻老貓根本沒什麼用處，我們現在就可以把她給殺了。至於這隻**寵物貓**，竟敢違背戰士守則，去餵敵營的戰士，當然得接受處罰。」

「把你的爪子收起來，暗紋。」藍星冷靜地說，「所有貓族都知道黃牙有膽識、有智慧，或許聽聽她怎麼說，對我們會有些幫助。走吧，我們先把她帶回營地，再決定如何處置她……還有火掌。妳能走嗎？」她問黃牙。「需要幫忙嗎？」

「我還有三條腿呢。」這隻灰斑母貓啐了一口，一拐一拐地往前走。

火掌看得出黃牙眼中痛苦的神情，但她似乎不願讓他們看出她的弱點。他也注意到藍星轉身帶領他們穿過林子前，曾不經意地流露出尊崇的眼神。其他戰士也各就各位，站在黃牙兩側，小心押解著她離去。

火掌和灰掌走在隊伍最後面。

「**你**聽過黃牙嗎？」火掌低聲問灰掌。

「聽過一點，聽說她在擔任巫醫前，曾是戰士，這一點很不尋常。不過我真的想不透，她怎麼會成為獨行貓？她這一輩子都住在影族的領土啊。」

「什麼是獨行貓？」

灰掌看看他。「獨行貓就是不屬於任何一族，也不屬於兩腳獸，虎爪說這種貓最不可靠，自私自利。他們通常住在兩腳獸的住處附近，誰都管不住他們，他們會自己找食物吃。」

「要是藍星不要我了，我恐怕就會成為獨行貓。」火掌說。

Into the Wild 102
荒野新生

「藍星處事很公正，」灰掌再三向他保證，「她不會趕你走的，她現在肯定很高興逮到這隻重量級的影族貓。我敢說，她不會怪你拿獵物餵這隻渾身是病的老貓。」

「可是他們老是抱怨獵物太少，唉，我幹嘛去吃那隻兔子呢？」火掌感到很羞愧。

「這個嘛——」灰掌輕推他的朋友，「誰叫你這麼鼠腦袋！你的確違反了戰士守則，不過沒有誰是完美的。」

火掌沒有答腔，只是心情沉重地跟在隊伍後面。這是他第一次單獨出任務，哪知道結果和他當初料想的完全不一樣。

巡邏隊才剛經過營地入口處的崗哨，族民們便跑過來歡迎這些戰士回家。貓后、小貓咪和長老們全都簇擁在兩側，好奇地看著被押解回來的黃牙。幾位長老一眼就認出她來。大家開始竊竊私語：「原來這就是影族的巫醫！」現場頓時瀰漫著嘲弄的氣氛。黃牙似乎對這些奚落充耳不聞。火掌不禁暗自佩服她不理會其他貓的嘲弄，昂首挺胸，瘸著腿費力前進的傲骨。他知道她忍受著極大的痛苦，而且還餓著肚子，雖然她才吃過他抓給她的兔子。

當巡邏隊走到高聳岩時，藍星對著眼前的地面點頭，黃牙聽懂雷族族長的無聲指令，一臉

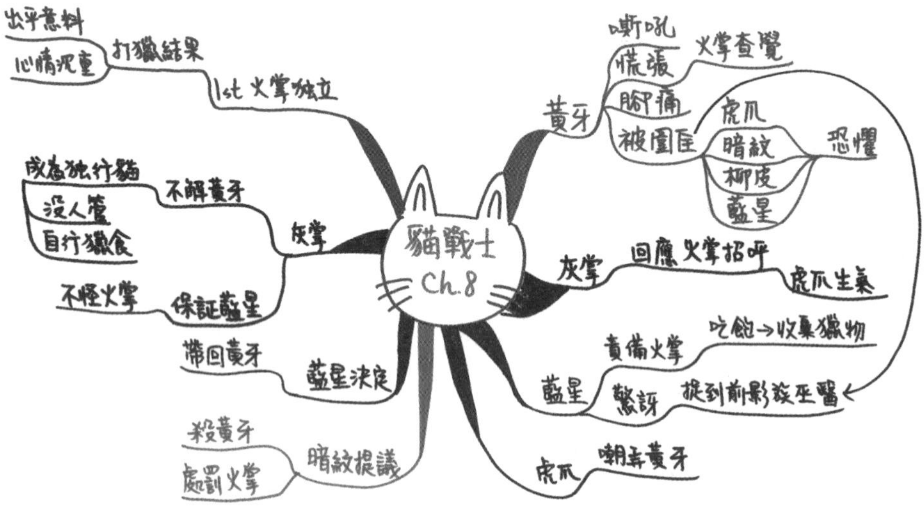
貓戰士
Ch.8
出乎意料
心情沉重
打獵結果
1st 火掌獨立
成為獨行貓
不解黃牙
沒人管
自行獵食
灰掌
不怪火掌
保證藍星
帶回黃牙
藍星決定
殺黃牙
處罰火掌
暗紋提議
嘶吼
慌張
火掌查覺
黃牙
腳痛
被圍困
虎爪
暗紋
柳皮
藍星
恐懼
灰掌
回應火掌招呼
虎爪生氣
責備火掌
吃飽→收集獵物
藍星
驚訝
提到前影族巫醫
虎爪
嘲弄黃牙

文字型心智圖

圖解型心智圖

加入晨星

即享『50 元 購書優惠券』

回函範例

您的姓名：晨小星

您購買的書是：貓戰士

性別：●男 ○女 ○其他

生日：1990/1/25

E-Mail：ilovebooks@morning.com.tw

電話／手機：09××-×××-×××

聯絡地址：台中 市 西屯 區

工業區 30 路 1 號

您喜歡：●文學 / 小說 ●社科 / 史哲 ●設計 / 生活雜藝 ○財經 / 商管

（可複選）●心理 / 勵志 ○宗教 / 命理 ○科普 ○自然 ●寵物

心得分享：我非常欣賞主角…

本書帶給我的…

"誠摯期待與您在下一本書相遇，讓我們一起在閱讀中尋找樂趣吧！"

國家圖書館出版品預行編目（CIP）資料

超圖解10倍速影像閱讀法 / 胡雅茹著. -- 初版.
-- 臺中市：晨星, 2019.09
面；　公分. --（Guide Book；374）
ISBN 978-986-443-896-9（平裝）

1.速讀

019.1　　108009802

Guide Book 374

超圖解10倍速影像閱讀法

心智圖天后速讀祕技大公開

作者	胡雅茹
編輯	余順琪
封面設計	耶麗米工作室
美術編輯	林姿秀
創辦人	陳銘民
發行所	晨星出版有限公司 407台中市西屯區工業30路1號1樓 TEL：04-23595820　FAX：04-23550581 行政院新聞局局版台業字第2500號
法律顧問	陳思成律師
初版	西元2019年9月15日
總經銷	知己圖書股份有限公司 106台北市大安區辛亥路一段30號9樓 TEL：02-23672044／02-23672047　FAX：02-23635741 407台中市西屯區工業30路1號1樓 TEL：04-23595819　FAX：04-23595493 E-mail：service@morningstar.com.tw 網路書店 http://www.morningstar.com. tw
讀者專線	04-23595819#230
郵政劃撥	15060393（知己圖書股份有限公司）
印刷	上好印刷股份有限公司

定價 320 元
（如書籍有缺頁或破損，請寄回更換）
ISBN：978-986-443-896-9

Published by Morning Star Publishing Inc.
Printed in Taiwan
All rights reserved.
版權所有・翻印必究